Stb

Anne L. Biwer, geboren 1955 und zweisprachig (deutsch-französisch) aufgewachsen, begann ihren spirituellen Weg durch den Tod ihres Vaters schon früh. Sie kommt aus einer langen Familientradition von Wahrsagerinnen und Heilern. Sie ließ sich zur Erzieherin ausbilden und beschäftigte sich mit Waldorf-Pädagogik und Anthroposophie. Diese disziplinierte, nüchterne Geistschulung prägte sie und ihre spätere Arbeit sehr. In einer Lebenskrise begann sie, sich mit der Kunst des Wahrsagens und ihren verschiedenen Formen auseinanderzusetzen. Mittlerweile ist sie Heilpraktikerin mit eigener Praxis, hält sehr inspirierende und zum Selbst-Ausprobieren anregende Vorträge über das Kartenlegen und hat mehrere Bücher veröffentlicht.

»Rund ums Räuchern« ist ein Buch für Einsteiger und für alle, die sich für die geschichtlichen Hintergründe des Räucherns interessieren. Einfache Rezepte, eine klare Sprache und leicht in den Alltag umzusetzende Anwendungshinweise stellen das Räuchern als das dar, was es ursprünglich einmal war: ein einfaches Hausmittel zur Stärkung und Genesung, um das Wohlbefinden, die Sinnlichkeit und Liebe zu steigern, zur Förderung der Konzentration und als Unterstützung spiritueller Erfahrungen.

Anne L. Biwer

Rund ums Räuchern

Anwendung und Wirkung von Räucherwerk

Stb

Die hier zur Verfügung gestellten Informationen sollen Ihnen als Unterstützung dienen, damit Sie – zusammen mit Ihrem Arzt oder Heilpraktiker – eigenverantwortliche Entscheidungen in Gesundheitsfragen treffen können. Bei gesundheitlichen Störungen sollten Sie die vorgestellten Methoden erst nach Absprache mit Ihrem Arzt oder Heilpraktiker anwenden, sie bieten keinen Ersatz für eine von diesen verordnete Behandlung. Weder Autor noch Verlag haften für Schäden, die aus der Anwendung der im Buch erteilten Hinweise entstehen könnten.

ISBN 978-3-89767-525-4

1. Auflage

Umschlaggestaltung: Murat Karaçay
Redaktion & Satz: Elke Truckses
Herstellung: Reyhani Druck und Verlag, Darmstadt

www.schirner.com

Inhalt

Warum wird geräuchert?

Die Kulturgeschichte des Räucherns beginnt mit dem regelmäßigen Gebrauch eines Herdfeuers, also bei den Steinzeitmenschen, die in Höhlen überwinterten und sich im Sommer in großen Zeltlagern trafen, bei denen sie riesige Feuer abbrannten. Manches mag zufällig entdeckt worden sein: daß beispielsweise gewisse Hölzer beim Verglühen aromatischer duften als andere. Wahrscheinlicher aber ist, daß unsere sehr naturverbunden lebenden Vorfahren noch eine ganzheitliche Wahrnehmung von Kräutern, Sträuchern und Bäumen hatten und deshalb auch wußten, welche Pflanzen wie eingesetzt werden konnten.

Schon immer wurde aus drei Gründen geräuchert: zur Steigerung des Wohlbefindens, zur Heilung und für kultische Zwecke. Viele der Räucherpflanzen sind auch Heilkräuter, und das Räuchern war und ist, in gewisser Weise, nur eine Form der Anwendung. Dabei wurde der aromatische Duft eingeatmet, um Schleim in den Bronchien zu lösen, schmerzende Glieder wurden in den Rauch gehalten, oder es wurden krampflösende Kräuter verbrannt damit sich gebärende Frauen entspannten. Eine Handvoll getrocknetes Räucherwerk auf die glühende Holzkohle gestreut, wirkte positiv auf die Stimmung, förderte den Schlaf oder steigerte die Lust. Und all dies wird, je weiter wir in der Menschheitsgeschichte zurückgehen, ungleich stärker auf den Menschen gewirkt haben, als wir uns das heute vorstellen können.

Der Geruchssinn, der durch das Räuchern angesprochen wird, hat einen unmittelbaren Einfluß auf unser Denken und Fühlen. Drei unterschiedliche Zellarten der Nasenschleimhaut leiten die Eindrücke über den Nervus olfaktorius – den Riechnerv – direkt in das Hirn. Und damit nimmt der Riechnerv eine Sonderstellung unter den zwölf Hirnnerven ein, denn alle anderen Sinneseindrükke werden erst in den Thalamus geleitet und von dort in das Großhirn weitergeschaltet. Der Riechnerv aber, der eigentlich aus einer Vielzahl von Nervensträngen besteht, arbeitet eigenständig, und seine Information führt er direkt in das limbische System. Dieses steuert Prozesse, die unserem Bewußtsein entzogen sind, wie etwa die Atmung oder die Regelung des Herzschlags. Der Geruchssinn ist also von allen Sinnen derjenige, welcher uns am unmittelbarsten, am nachhaltigsten und am tiefsten beeindruckt und steuert, auch weil er uns heutzutage nicht immer bewußt wird.

Über die Nasenschleimhaut nehmen wir auch jene geheimnisvollen hormonellen Botenstoffe wahr, die darüber entscheiden, ob wir einen Menschen angenehm und sympathisch oder sogar sexuell anziehend finden. Denn ob wir »einen Menschen riechen können« oder nicht, entscheidet unser limbisches System innerhalb von Sekundenbruchteilen.

Im Grunde ist der Ausdruck »Liebe auf den ersten Blick« irreführend, denn es ist unsere Nase, die uns leitet. Dennoch hat im Laufe der menschlichen Evolution der Sehsinn eine immer stärkere Rolle übernommen – das Auge warnt vor Gefahren, entscheidet, ob uns ein Mensch, oder ein Ort, gefällt oder nicht. Allerdings ist der Einfluß der Gerüche nach wie vor außerordentlich stark, denn sie werden nicht vergessen. Fichtennadelduft, Zimt und Vanille, Äpfel und Nüsse, Kerzenrauch: wem kommen bei dieser Duftmischung nicht weihnachtliche Kindheitserinnerungen? Durch den Geruch der Muttermilch nimmt der Säugling die Mutter wahr, lange bevor er sie mit den Augen sehen kann. Auch eine schmerzhafte Zahnarztbehandlung oder eine Prüfung werden durch ihre speziellen Gerüche unvergeßlich. Die vielen kleinen Schrecknisse des Alltags leben immer wieder auf, sobald wir einen ähnlichen Geruch wahrnehmen.

Das Abbrennen von Räucherwerk war schon immer ein wesentlicher Bestandteil jeder Kulthandlung. Dabei machte man sich die psychoaktive Wirkung einzelner Pflanzen zunutze, um eine Trance oder einen kultischen Rausch herbeizuführen. In der Antike offenbarte das Orakel von Delphi seine rätselhaften Wahrsprüche, nachdem es kultische Räuchermischungen eingeatmet hatte. Das Abbrennen von Kirchenweihrauch ist für den heutigen Menschen oft die einzige Erfahrung, die er mit dem Räuchern macht.

Vom Menschen der antiken Hochkulturen bis zum modernen Menschen, der sich des Riechsinns erst wieder bewußt werden muß, ist es ein langer Weg. Der vielfältige Einsatz von Räucherwerk, mit dem unsere Vorfahren die alltäglichen Verrichtungen begleiteten und förderten, Stimmungen beeinflußten oder gezielt hervorriefen, ist für uns heute kaum nachzuvollziehen.

Was kann die vergessene Kultur des Räucherns heute für uns bedeuten? Nun, das gleiche wie für die Menschen der Vergangenheit! Nur daß es für uns zusätzlich eine Entdeckungsreise in einen ganzen Kosmos unbekannter, tief wirkender Sinneserfahrungen werden kann.

Entspannung brauchen wir in unserer hektischen, schnellebigen Zeit vermutlich sogar dringender als unsere Vorfahren. Nach einem langen Arbeitstag oder einer Autofahrt bei schlechtem Wetter, mit müden und quengelnden Kindern, bei viel unerledigter Hausarbeit und Geldsorgen: wer sehnt sich da nicht nach einem Moment der Ruhe? Und gerade die ist aufgrund der inneren Anspannung dann schwer zu erreichen. Das schnelle, unkomplizierte Abbrennen einiger getrockneter Salbeiblätter wäre da zum Beispiel eine sofort wirkende »Notfallhilfe«.

Eine weiteres, allgegenwärtiges Problem unserer Wohlstandskultur ist der Kreislauf von Streß, hastigem, überreichlichem Essen kalorienreicher Nahrungsmittel, mangelnder Bewegung und Gewichtszunahme, mit all den schädlichen Folgen für die Gesundheit. Riechen und Schmecken sind eng miteinander verbunden. Mit verstopfter Nase schmeckt das Essen nicht! Diese Erfahrung hat während einer Erkältung wohl jeder schon gemacht. Statt abends Berge von Süßigkeiten zu futtern, bis das Absinken des Magen das Zwerchfell entspannt (und damit indirekt den ganzen Körper), sollte man eine Duftlampe mit den Aromaölen Vanille, Zimt oder Baldrian anzünden, die ebenfalls beruhigend wirken. Ebenso läßt sich trübe Stimmung durch Wohlgerüche aufhellen. Darin liegt das Geheimnis der weihnachtlichen Gewürzmischungen für Lebkuchen. Sie dienen der Stimmungsaufhellung, wenn sich das Sonnenlicht rar macht.

Ausgedehntere Räucherrituale schaffen noch mehr Ruhe. Es ist eine sinnliche Erfahrung, wohlriechende Kräutermischungen zur spirituellen Besinnung abzubrennen. Eine ganz besondere Naturverbundenheit läßt sich herstellen, wenn die Pflanzen für das Räucherwerk selbst angebaut oder gesammelt, getrocknet und zerkleinert werden.

Bei Erkältungskrankheiten bringt das Räuchern von schleimlösenden, aromatischen Pflanzen rasche Hilfe. Vorbeugung ist übrigens sehr wirksam – wahrscheinlich werden Sie kaum noch von Husten und Schnupfen geplagt werden, wenn Sie sich regelmäßig mit duftendem Räucherwerk verwöhnen.

Allerdings muß auf hochwertige Rohstoffe geachtet werden, damit Nebenwirkungen wirklich ausgeschlossen werden können. Das Abbrennen von Räucherstäbchen, die mit minderwertigen synthetischen Duftstoffen hergestellt wurden, führt nicht selten zu Kopfschmerzen und Übelkeit oder zu allergischen Reaktionen. Hier gilt (leider!): Qualität hat ihren Preis. Billige Räucherstäbchen, ätherische Öle oder Räuchermischungen können nicht von guter Qualität sein – dafür sind die Rohstoffe zu kostbar. Allerdings brauchen Sie auch nur wenig der hochwertigen getrockneten Substanzen oder Tropfen, um die gewünschte Wirkung zu erzielen, so daß sich der höhere Preis langfristig rechnet. Auch gilt zu beachten, daß ätherische Öle hochkonzentrierte Essenzen sind, die unverdünnt auf der Haut Reizungen hervorrufen können. Allergiker sollten vorsichtig prüfen, welche Räucherpflanzen sie vertragen. Ein Mensch mit Allergien braucht fachkundige Unterstützung bei der Beruhigung seines

Immunsystems und sollte bis zum Behandlungserfolg allergieauslösende Substanzen meiden.

Generell sollte die Anwendung hochgiftiger Pflanzen, die beim Abbrennen meist eine psychoaktive Wirkung entfalten, gemieden werden. Sollten Sie mit solchen Pflanzen arbeiten wollen, suchen Sie unbedingt nach erfahrener Anleitung durch einen Menschen, der bereits ausreichend Erfahrung gesammelt hat. Denn diese sehr wirksamen, giftigen Pflanzen haben zwar eine jahrhundertelange Tradition, meist für kultische Räucherungen, sind aber nicht ungefährlich. Daher sollten sie von Anfängern der Räucherkunst gemieden werden. Meist ist der Gebrauch dieser Drogen auch gesetzlich geregelt.

In einem Haushalt mit Kleinkindern ist ebenfalls Vorsicht geboten, denn das Räucherwerk sollte nicht in den Mund gesteckt und abgelutscht werden. Bewahren Sie also Ihr Räucherwerk an einem Ort auf, der für die Kleinen unerreichbar ist. Für Kindergartenkinder ist das Räuchern unter der Anleitung der Eltern eine schöne Erfahrung, auch der Umgang mit dem sonst selten erlebten Element Feuer. Schulkinder werden viel Freude und Nutzen haben, wenn sie selbständig das Räuchern erlernen und anwenden – etwa um die Konzentration beim Lernen zu steigern oder Ängste zu überwinden.

Sicher muß der Geruchssinn wieder geschult werden – wobei die Schulung eigentlich mehr die bewußte Wahrnehmung der Gerüche betrifft. Zum Glück führen nur sehr selten Krankheiten zum dauerhaften Verlust des Geruchssinnes. Wenn Sie sich der tiefgehenden Erfahrung des Riechens hingeben und diese durch das Räuchern kultivieren, wird sich Ihnen eine neue, reiche Welt eröffnen.

Eine kleine Geschichte des Räucherns

Das Verbrennen von Kräutern, Hölzern und Harzen ist so alt wie die Menschheitsgeschichte. Deshalb gibt es auch aus jeder Hochkultur schriftliche Überlieferungen davon. In Mittel- und Nordeuropa allerdings ist die keltische und germanische Tradition des Räucherns nicht aufgeschrieben worden – sie lebt in den Volksbräuchen aber noch immer.

Aus der ältesten uns bekannten Hochkultur in Mesopotamien, mit der Hauptstadt Babylon, haben wir keilschriftliche Überlieferungen einer sehr verfeinerten Räucherkultur. Zu den beliebtesten Räucherpflanzen gehörte damals, wie viele Jahrtausende danach, das Holz der Libanonzeder. Deshalb sind von diesen ausgedehnten Wäldern heute leider nur noch wenige Überreste vorhanden. Kalmus, Myrte und die Libanonzeder waren die beliebtesten Düfte in Mesopotamien, aber auch Labdanum, Galbanum und Styrax.

Legendär ist der Reichtum der Königin von Saba, der sich darin begründete, daß nur in ihrem Reich der Weihrauch- und der Myrrhebaum gediehen, deren Harz so unvergleichlich aromatisch duftete. Eine der ältesten Handelsstraßen der Welt führte durch das unwegsamste Gelände Afrikas bis zum Mittelmeerraum, auf denen der Weihrauch vertrieben wurde. Ebenfalls eine Frau, Hatschepsut, eine der wenigen Pharaoninnen des antiken Ägypten, unternahm eine langwierige Expedition, um den Anbau dieses Baums in ihrem Reich zu fördern. Die Ägypter liebten die feinen Düfte und bezogen ihre Ware aus der gesamten bekannten damaligen Welt. Eine Räuchermischung, der Kyphi, beduftete vermutlich jeden altägyptischen Haushalt – von dem feinen Räucherwerk, mit dem die Mumien behandelt wurden, ganz zu schweigen. Aber nicht nur im antiken Ägypten, auch im biblischen Reich des Königs Salomo wurde Weihrauch abgebrannt. Der Staatsbesuch der Königin von Saba, den sie unternahm, um mit König Salomo über die Sicherheit der Weihrauchstraße zu verhandeln, endete in einer leidenschaftlichen Begegnung der beiden, die im »Hohenlied Salomons« im Alten Testament verewigt wurde.

Das Abbrennen von aromatischen Substanzen zur Förderung von Lust und Leidenschaft war ein sehr verbreitetes und geschätztes Mittel der gegenseitigen Verführung. Allerdings wurde auch zur Förderung des allgemeinen Wohlbefindens geräuchert – im alten Rom wurde zu bestimmten Staatsfesten die gesamte Stadt mit Weihrauchwolken vernebelt. Und wer kennt nicht das Orakel von Delphi, das, nachdem eine kultische Räuchermischung eingeatmet worden war, seine rätselhaften Wahrsprüche verkündete?

Aber nicht nur in Europa, Afrika und Kleinasien, auch in Tibet, der Mongolei und in China wurde geräuchert. Von China aus gelangte das Wissen um die Räucherungen nach Japan, wo die Räucherkunst ähnlich wie die Teezeremonie oder die Kunst des Blumensteckens – Ikebana – eine hohe Verfeinerung erreichte. In Japan wurde und wird noch heute das seltene und teure Adler- oder

Aloeholz besonders geschätzt. Die Menschen im antiken China schätzten besonders den Jasminduft und die Cassia, eine Zimtart, und vertrieben diese Räucherstoffe über die Seidenstraße in die ganze Welt.

Aus der üppigen Vegetation Indiens erreichte uns das Sandelholz, ein klassischer und wohlriechender Duftstoff, sowie Guggul, ein der Myrrhe verwandtes Harz. Auch das immer wieder sehr geschätzte Patchouli stammt aus Indien. Die indische Lehre der Gesundheit – das Ayurveda – kennt eine Vielzahl heilender und wohltuender Räuchermischungen.

Gold, Weihrauch und Myrrhe brachten die drei weisen Könige dem neugeborenen Jesus, und die Räucherstoffe waren damals kostbarer als Gold.

Myrrhe und Weihrauch, aber auch der tierische Duftstoff Moschus waren in der islamischen Welt hochgeschätzte Räucherstoffe. Die Christen der römisch-katholischen und der griechisch-orthodoxen Richtung kennen seit alters den Kirchenweihrauch, der sich aus verschiedenen, mehr oder weniger kostbaren Inhaltsstoffen zusammensetzt. War die Gemeinde arm, konnte der Duft der minderwertigen Pflanzenmischung Übelkeit oder andere Beschwerden auslösen.

Die Räucherpflanzen der Inka- und Azteken-Hochkultur blieben uns lange fremd. Copal, ein weihrauchähnlicher Stoff, wurde schon früh von den Päpsten als Ersatz für den Weihrauch akzeptiert, als dieser kostbare Rohstoff in der alten Welt knapp wurde.

Von den Azteken kam die wundervoll duftende Vanille zu uns, der natürliche Liebeslockstoff, der sich jedoch eher als Gewürz durchgesetzt hat.

Aus der indianischen Tradition Nordamerikas überliefert ist uns das legendäre Sage oder der Steppenbeifuß, der insbesondere zu spirituellen Räucherungen eingesetzt wurde.

Was ist mit der Räuchertradition des kühlen Mittel- und Nordeuropas?

Obwohl reich und vielfältig, geriet sie viele Jahrhunderte fast in Vergessenheit. Grundsätzlich nutzten die Kelten nur ungern die schriftliche Überlieferung, obwohl sie diese beherrschten. Aber nach wie vor ist das keltische Kulturgut in allen Ländern bestimmend, in denen sie einst lebten. Charakteristisch für die keltischen Rituale sind spirituell sehr wirksame Räucherpflanzen, die aber nur einen schwachen Duft entwickeln. Die Kelten führten zudem einen ausgeprägten Handel mit Afrika, Kleinasien und Osteuropa, was zahlreiche archäologische Funde belegen.

Die Vielzahl der heimischen, aromatischen Räucherstoffe überrascht und läßt keinen Wunsch offen – allerdings werden häufig weiterhin die klassischen Räucherstoffe wie Weihrauch oder Balsam mitverwendet. Auch unsere Vorfahren gebrauchten diese zur Abrundung ihrer Duftkompositionen.

Was brauche ich zum Räuchern?

Das wichtigste Utensil beim Räuchern ist eine feuerfeste Schale. Den Anfang können Sie allerdings auch mit einem hitzebeständigen Teller oder einer Auflaufform machen. Dann wählen Sie Ihre Räucherpflanzen. Für den ersten Versuch eignen sich beispielsweise getrocknete Salbeiblätter oder Beifuß. Auch frische Fichtenzweige duften gut. Weitere einfach erhältliche Räucherpflanzen sind Rosmarin und Wacholderspitzen, getrocknete Lorbeerblätter und Zimtstangen aus Ihrem Gewürzschrank. Zerdrücken Sie das getrocknete Kraut einfach mit den Fingern, und formen Sie daraus eine kleine Kugel, legen Sie das Kraut in die feuerfeste Schale, und zünden Sie es an. Blasen Sie nun die Flamme aus. Nun müssen Sie mit einem Fächer oder einer Feder der Schale immer etwas Luft zuführen, dann glüht und glimmt das Räucherwerk ohne weitere Mühe vor sich hin. Zimtstange oder Fichtenzweig zünden Sie als Ganzes an. So können Sie ohne große Vorbereitung mit Ihren ersten Duftexperimenten beginnen. Die aufgezählten Pflanzen sind auch für eine schnelle Räucherung geeignet, wenn Zeit und Muße für ein Ritual fehlt, die gute Wirkung einer atmosphärischen Reinigung der Raumluft aber trotzdem gebraucht wird.

Auch Myrtenzweige, Zypressenspitzen und sogar das kostbare Aloeholz lassen sich so verräuchern. Haben Sie sich ein wertvolles Harz oder eine andere exotischere Substanz erworben, lohnt es sich, auch entsprechend schönes Zubehör zu verwenden.

Wenn Sie regelmäßig Räuchern möchten, sollten Sie sich nach den ersten Experimenten ein geeignetes Räuchergefäß zulegen. In Frage kommt feuerfeste Töpferware, die es in allen Formen und Preisklassen im Fachhandel gibt. Ob Sie ein großes oder ein kleines Gefäß brauchen, hängt von den Räumen ab, die Sie beduften wollen. Die Dekoration des Räuchergefäßes ist selbstverständlich Geschmackssache. Ob es sich um die Nachbildung einer altgriechischen Schale handelt oder ob das Gefäß ein mexikanisches Muster aufweisen soll, hängt von den persönlichen Vorlieben oder den Ritualen ab, die Sie damit zelebrieren wollen. Der wichtigste praktische Gesichtspunkt ist, daß sich die Schale an der Standfläche nicht erwärmen sollte. Also wäre ein Sockel unter der Schale ideal, dann aber muß die Standfestigkeit überprüft werden. Sollten Sie feststellen, daß sich Ihre Schale zu sehr erhitzt, müssen Sie einen Untersetzer darunterlegen, um jede Brandgefahr auszuschließen.

Der Umgang mit Feuer muß erst gelernt werden, aber dieses Element macht einen der Reize des Räucherns aus. Bedenken Sie immer, daß Funken und Flammen übergreifen können – legen Sie Papier weit weg von der Feuerquelle, befestigen Sie flatternde Vorhänge, und überprüfen Sie, ob andere Dinge Ihrer Einrichtung Feuer fangen könnten und entfernt werden müssen. Achten Sie darauf, daß die Fenster leicht gekippt sind. Auf diese Weise ist eine ausreichende Sauerstoffzufuhr auch bei größerer Rauchentwicklung gesichert. Behalten Sie Ihre Schale und das Räucherwerk im Auge, bis es abgekühlt ist.

Es ist besonders schön, mit Kindern zu räuchern – und Kinder lieben das aufwendige Ritual! Sie lernen dadurch, welche Kraft und Magie in den Duftstoffen liegt, und werden sie bald selbst einsetzen können. Dennoch sollten Sie immer anwesend sein, wenn Kinder räuchern – die Gefahr von Verbrennungen ist einfach zu groß!

Harze und viele andere Substanzen brauchen etwas mehr Vorbereitung, bis sie ihren duftenden Rauch verströmen. Füllen Sie zuerst Ihre Schale mit etwas Sand. Woher bekommen Sie diesen? Nun, in jedem Baumarkt und in Dekorationsgeschäften, die Kerzen führen. Der Fachhandel für Räucherwerk bietet Sand extra in kleineren Mengen an. Sie könnten natürlich auch etwas Sand beim nächsten Strandurlaub mitnehmen und ihn für ganz besondere Gelegenheiten verwenden. Jod und Salz dieses Sandes werden die Duftkomponente auf eine ganz besondere Weise bereichern. Vielleicht gibt es auch eine Sandbank im Wald oder eine Kiesgrube in Ihrer Nähe, woher Sie sich für einen außergewöhnlichen Anlaß etwas Sand besorgen können. Nur der Versuchung, den Sand aus dem Sandkasten des nahe gelegenen Spielplatzes zu entwenden, sollten Sie widerstehen! Abgesehen von einer möglichen Verunreinigung durch Hundekot sollte dieser Sand doch lieber seinen Zweck erfüllen und Kindern zum Spielen dienen, die sonst vielleicht keine Möglichkeit haben, sich mit der Natur zu beschäftigen.

Nach jedem Räuchervorgang müssen Sie den Sand zum Reinigen sieben oder auch ganz auswechseln.

Zudem brauchen Sie Räucherkohle. Im Handel werden verschieden große Kohletabletten angeboten, die mit einem selbstbrennenden chemischen Zusatz, meist Salpeter, getränkt sind, um schnell und problemlos anzubrennen. Dabei verströmen sie, zumindest zu Beginn, leider auch einen eher unangenehmen Geruch. Legen Sie die Kohle zum Anbrennen in die Schale. Manchmal gelingt dies auf dem Sand schlechter.

Es wäre gut, sich eine Pinzette zu besorgen. Halten Sie dann die Kohle mit der Pinzette, und entzünden Sie sie am besten mit einer Kerzenflamme. Das ist nicht nur stilvoller, sondern auch leichter zu handhaben als Streichhölzer, die Sie immer wieder neu abstreichen müssen, wenn die Kohle etwas länger zum Anbrennen braucht. Sobald die Kohle nun richtig Feuer gefangen hat, legen Sie sie in die Schale auf den Sand und warten drei bis fünf Minuten, bis sie vollkommen weißglühend ist.

In dieser Zeit können Sie Ihr Räucherwerk vorbereiten. Blätter, Blüten oder Hölzer müssen jetzt in einem Mörser zerkleinert werden. Steinmörser, zum Beispiel aus Granit, sind besonders geeignet. Gut wäre auch ein sogenannter Apothekenmörser aus Porzellan. Der Stößel sollte recht schwer sein, damit sie ohne große Anstrengung die Pflanzen zermahlen können. Räuchersubstanzen entfalten das vollste und intensivste Aroma, wenn sie frisch gemahlen sind. Dennoch ist das Zerkleinern von klebrigen Harzen nicht ganz einfach und erfordert etwas Geduld und Fingerspitzengefühl.

Wenn Sie es einfach haben wollen, können Sie zunächst mit einer fertigen Räuchermischung experimentieren, dann brauchen Sie an dieser Stelle nur die Packung zu öffnen.

Wenn die Kohle glüht, streuen Sie eine Prise Ihres

Räucherwerkes darauf. Gut wäre es jetzt, wenn Sie auch einen Weihrauchlöffel besäßen. Perlmuttlöffel sind ganz besonders geeignet, weil auch klebrige Harze nicht daran klebenbleiben. Aber auch die Verwendung eines Metallöffels ist möglich. Wichtig ist, daß der Löffel einen langen Stiel hat, damit Sie nicht zu nahe an die Hitzequelle heranmüssen.

Sobald es angebrannt riecht, sollte das verkohlte Räucherwerk mit einem Messer abgeschabt werden, sonst endet das Dufterlebnis eher unerfreulich.

Eine mehr oder weniger intensive Rauchentwicklung ist bei der Kohle nicht zu vermeiden. Wem dies eher unangenehm ist, der kann auf Räuchergefäße zurückgreifen, bei denen eine kleine Schale oder ein Sieb mit einer Kerze oder einem Teelicht erwärmt wird. Dies dauert natürlich etwas länger. Außerdem muß das Gefäß gut konzipiert sein, denn wenn der Abstand von der Kerzenflamme zum Behälter zu groß ist, wird die zum Räuchern notwendige Wärmeentwicklung nicht stattfinden. Harze sind manchmal etwas schwer vom Sieb oder der Schale zu entfernen. Da empfiehlt sich Geduld, denn mit einem Stück Alufolie als Unterlage wird zwar Reinigungsarbeit vermieden, das Dufterlebnis aber auch verringert.

Übrigens erfolgt auch das Beduften mit Aromaölen nach dieser Methode. Über einer Kerzenflamme wird in einer Schale mit wenig Wasser ein Tropfen der Blütenessenz erhitzt.

Es gibt aus der japanischen Tradition sehr feine Gerätschaften und Zutaten, aber diese sind auch wegen der hohen Kosten eher für Menschen geeignet, die mit dem Räuchern bereits einige Erfahrung haben.

Im offenen Kamin läßt es sich übrigens auch sehr gut räuchern! Sie können das Räucherwerk direkt auf den Stein oder das Holz legen oder eine Kohle verwenden. Wenn Sie die Gelegenheit haben, streuen Sie einmal etwas Räucherwerk in die Glut eines Lagefeuers! Dafür eignen sich auch ganze Zweige oder unzerkleinerte Blätter. Selbst weißglühende Grillkohle bietet eine Möglichkeit zum Räuchern. Wenn Sie Kräuter wie Lavendel, Salbei oder Rosmarin wählen, können Sie zusätzlich Insekten fernhalten.

Zusammenfassung: Was brauche ich zum Räuchern?

- ein standfestes Räuchergefäß aus feuerfestem Steingut oder Metall oder ein Räucherstövchen bzw. eine Aromaölduftlampe
- eine wärmedämmende Unterlage – zum Beispiel einen Topfuntersetzer
- einen Mörser
- eine Pinzette
- einen Weihrauchlöffel
- einen Fächer oder eine Feder
- Teelichter oder Kerzen
- Räucherkohle
- Streichhölzer
- Sand
- ein Sieb zur Reinigung des Sandes

Räucherkegel und Räucherstäbchen

Beim Räuchern wird zwischen losem Räucherwerk und den Fertigprodukten unterschieden. Loses Räucherwerk braucht die Wärmezufuhr durch eine Kerze, ein Feuer oder die glühende Räucherkohle. Diese Methode des Räucherns ist sicherlich die intensivste und wirksamste, insbesondere, wenn Sie das Erlebnis mit einem Ritual verbinden wollen. Manchmal fehlt aber einfach die Zeit für umfangreiche Vorbereitungen, oder Sie wagen sich an die Prozedur noch nicht heran. Da sind Fertigprodukte wie Räucherstäbchen oder -kegel eine einfach zu handhabende Möglichkeit. Die Räuchersubstanzen sind mit einem Leim verbunden, und durch einen Zusatz von Salpeter brennen sie ohne weitere Wärmequelle ab. Sie brauchen also nur ein Streichholz oder ein Feuerzeug, um Kegel oder Stäbchen anzuzünden.

Das einfachste Räucherstäbchen ist jedoch der Zweig einer zum Räuchern geeigneten Pflanze. Sie können Rosmarin-, Salbei- oder Beifußzweige auch zu einem Bündel oder einem Zopf zusammenbinden und so trocknen lassen. Wenn Sie dieses einfache Räucherwerk anzünden, brennt es zunächst lichterloh. Nachdem Sie die Flamme ausgeblasen haben, lassen Sie Ihr Bündel oder den Zopf weiterglühen. Am besten stellt man das Räucherwerk in eine Schale mit Sand. Wenn Sie diese aber noch nicht haben, reicht ein Blumentopf mit Erde (ohne Pflanze!).

Wenn Sie keine Gelegenheit hatten, Kräuter zu sammeln, zu ernten oder zu trocknen, dann sind gekaufte Räucherstäbchen eine sehr praktische Alternative. Auch auf Reisen können Räucherstäbchen dienlich sein, um die Stimmung eines Hotelzimmers zu verbessern, am Arbeitsplatz können sie die Konzentration fördern, und man kann sie überall da problemlos einsetzen, wo keine großen Vorbereitungen möglich sind. Räucherstäbchen gibt es in vielen Duftnuancen. Leider ist die Qualität nicht immer gleich gut. Speziell chinesische und indische Produkte sind fast ausschließlich mit synthetischen Duftstoffen hergestellt. Ein günstiger Preis ist also eher ein Alarmsignal.

Dabei sind die traditionellen indischen Räucherstäbchen aus Sandelholz hergestellt, das zubereitete Räucherwerk wird darauf aufgezogen und getrocknet. Dieser Vorgang muß mehrmals wiederholt werden, was die eigentlich teure und aufwendige Herstellung erklärt. Also hilft nur nachfragen und nach einem vertrauenswürdigen Händler suchen – ansonsten sind eher Kopfschmerzen als Wohlbefinden die Folge des Duftwerkes.

Japanische Räucherstäbchen sind meistens von hervorragender Qualität. Einige kommen sogar ganz ohne Holz aus, bestehen also aus reinem, getrocknetem Räucherwerk. Auch echte tibetische Ware ist in der Regel in sorgfältiger Handarbeit hergestellt, besteht aber ausschließlich aus den Kräutern des Himalaya, die wir hier noch gar nicht alle kennen. Sie müssen also die Wirkung durch ausführliches Studium oder Selbstversuchen herausfinden.

Der Einkauf ist wirklich die einzige Schwierigkeit beim

Umgang mit Räucherstäbchen. Es gibt spezielle Halter für Räucherstäbchen. Beim Verräuchern sehr teurer und kostbarer Räucherstäbchen ist eine Sandschale wirtschaftlicher, weil Sie selbst den letzten Zentimeter aus dem Sand herausziehen und entzünden können.

Räucherkegel sind in Deutschland auch unter dem Namen Räucherkerzen bekannt. Seit der zweiten Hälfte des 18. Jahrhunderts werden solche Duftkegel im Erzgebirge hergestellt und zusammen mit den »Räuchermännchen«, in denen das das Produkt dann abgebrannt wird, verkauft. Neben den einheimischen Harzen von Fichte, Tanne und Kiefer werden auch exotische Substanzen wie Sandelholz, Zimt, Vanille oder andere weihnachtliche Düfte verarbeitet.

Ein Räucherkegel wird mit einem Bindemittel, meist Traganthleim oder einem Klebstoff aus Gummiarabicum, und dem ausgewählten Räucherwerk hergestellt. Der Masse wird Salpeter zugesetzt, damit sie brennt. Der Kegel ist zum Abbrennen die optimale Form, aber es gibt auch Räucherwürfel. Der Nachteil liegt auch hier darin, daß Sie auf die Qualität des Herstellers angewiesen sind. Oft werden die Zutaten gar nicht aufgelistet, sondern nur eine Duftmischung zu einem bestimmten Zweck angeboten – »Weihnachtsduft« oder »Meditationsrauch« oder Produkte mit noch blumigeren Namen. Auch hier hilft nur konsequente Nachfrage oder eigenes Experimentieren, welche Mischung guttut.

Zwar kann man Räucherkegel auch selbst herstellen, aber die Zubereitung erfordert einiges Geschick und Geduld, bis die richtige Konsistenz des Leims und der Teigmischung gefunden ist. Der Vorteil ist jedoch, daß Sie

Ihre Mischung nach den eigenen Bedürfnissen und Vorlieben zusammenstellen können und keinen Zweifel an der Qualität des Endproduktes haben werden.

Mit diesen Grundzutaten können Sie einen Räucherkegel selbst herstellen:

- Rühren Sie einen Teil Gummiarabicum oder Traganthleim mit zwei Teilen Wasser an, und lassen Sie ihn ein bis zwei Stunden stehen, bis eine dicke Paste entstanden ist.
- Zerstoßen Sie Ihr Räucherwerk im Mörser. Dabei muß beachtet werden, daß unbedingt ein Anteil an Holz verwendet wird. Wenn eigentlich kein Holz in Ihre Mischung gehört, wählen Sie Sandelholz – es hat die Eigenschaft, alle anderen Zutaten harmonisch zu verbinden, und stört nie.
- Wenn Sie Harze, Holz und Kräuter zu Pulver zermahlen haben und der Leim die richtige Konsistenz hat, verkneten Sie die Zutaten, bis diese einen homogenen Teig bilden.
- Diesen wiegen Sie nun auf einer Küchenwaage ab, dann fügen Sie zehn Prozent der Masse an Kaliumnitrat (Salpeter) hinzu. Dieses Verhältnis sollte wirklich genau stimmen, denn zuviel Salpeter hat einen durchdringenden Eigengeruch. Haben Sie zuwenig beigefügt, wird Ihr Kegel nicht brennen.
- Formen Sie nun kleine Kegel, und lassen Sie diese trocknen. Danach bewahren Sie die Kegel an einem trockenen, eher kühlen und dunklen Ort auf.

Räuchern mit ätherischen Ölen

Ätherische Öle sind konzentrierte Auszüge aus Pflanzen oder Pflanzenteilen. Sie wirken mit dem spezifischen Duft einer Pflanze und werden durch recht aufwendige, chemische Verfahren wie Destillation oder auch Auspressen gewonnen. Dafür werden große Mengen an Pflanzenteilen gebraucht, und der gesamte Herstellungsprozeß muß sehr präzise ablaufen – Temperatur, Lösungsverfahren und Dauer müssen stimmig sein, sonst ist das Ergebnis trotz aller Kosten und Mühen enttäuschend. Diese Methoden wurden schon sehr früh in der Menschheitsgeschichte angewandt, denn weder Parfum noch Salben oder Körperöle lassen sich ohne die Pflanzenessenzen herstellen.

Die Pflanzenauszüge enthalten neben dem Duft viele Wirkstoffe, wie etwa Vitamine, Hormone, Antiseptika oder sogar pflanzliche Antibiotika. Deshalb haben auch alle ätherischen Öle eine Eigenschaft gemein: Sie desinfizieren die Raumluft und töten Bakterien und andere Keime ab. Die Anwendungsmöglichkeiten der Essenzen sind sehr vielseitig. Sie lassen sich therapeutisch-medizinisch einsetzen, einfach als Dufterlebnis genießen oder zu Körperpflegemitteln verarbeiten. Sogar Nahrungsmittel lassen sich damit aromatisieren.

Die natürlichen ätherischen Öle sind kostbare und leider auch teure Produkte. Dafür genügen aber auch wenige Tropfen – häufig sogar ein einziger –, um einen ganzen Raum einzuduften. Um den Preis zu senken, werden die Öle oft mit synthetischen Duftstoffen gestreckt. Allgemein ist die reine Essenz zu empfehlen, denn viele Unverträglichkeiten gehen eher auf eine undefinierbare synthetische Mischung als auf das natürliche Öl zurück. Vermutlich liegt das daran, daß eine Pflanze nicht nur mit einem spezifischen Duft wirkt, sondern mit einer Vielzahl von Komponenten, die noch gar nicht alle erforscht sind. Deshalb sind sie auch nicht künstlich nachzubauen. Beim Kauf empfiehlt es sich, in einer Apotheke oder einem zuverlässigen Fachgeschäft nach natürlichen Essenzen zu fragen. Der Aufdruck »reines ätherisches Öl« sagt leider nicht viel aus, besser ist es, beim Händler oder der Firma genau nachzufragen, welche Inhaltsstoffe verwendet wurden. Auch ein geringer Preis ist ein Indiz dafür, daß es sich um ein synthetisches Ersatzprodukt handelt.

Für den Anfänger sind die ätherischen Öle eine wunderbare Möglichkeit, mit der Wirkung der Pflanzen auf Leib, Seele und Geist zu experimentieren. Ein passendes Aromaöl vertreibt trübe Gedanken, verhilft zu Entspannung und tiefem Schlaf, vertreibt »dicke Luft« aus der Wohnung und kann sogar Schmerzen lindern.

Dabei müssen nur einige Grundregeln beachtet werden. Ätherisches Öl darf keinesfalls unverdünnt mit der Haut oder mit Schleimhäuten in Berührung kommen! Sonst sind Hautreizungen die Folge. Entsprechend gehört ein Fläschchen mit ätherischem Öl auch nicht in Kinderhände. Bewahren Sie Ihre duftenden Kostbarkeiten also sicher auf.

Verräuchern ist eigentlich nicht das richtige Wort für das Beduften eines Raumes mit ätherischen Ölen, denn es entsteht keinerlei Rauch. Für eine einfache Aromalampe reicht ein Teelicht aus, das eine darüberliegende Schale erhitzt. Solche Lampen sind recht günstig zu erwerben. Füllen Sie etwas Wasser in die Schale, geben Sie dann vorsichtig einen Tropfen der Pflanzenessenz hinzu, und entzünden Sie die Kerze. In kurzer Zeit ist ein durchschnittlich großer Wohnraum dann von dem Duft erfüllt. Wollen Sie eine größere Fläche beduften, müssen Sie die Dosierung anpassen. Es gibt auch elektrische Duftlampen, bei diesen verfahren Sie nach der Anleitung des Herstellers. Aber für den Anfang ist eine kleine Aromalampe mit Teelicht oder Kerze völlig ausreichend.

Für die Herstellung ätherischer Öle werden auch Pflanzen und Pflanzenteile verwendet, die sich in einer Räucherung über Feuer nicht einsetzen lassen, wie beispielsweise Bergamotte oder die Schale von Orangen. Rosenblüten entfalten ihren wundervollen Duft nur als ätherisches Öl, als Räucherung über Feuer ist das Ergebnis eher schwach. Das gilt für fast alle Blumen oder Blüten. Andere Pflanzen, wie etwa Thymian oder Salbei, haben ein so intensives Aroma, daß sie in jeder Zubereitung stark duften.

Die folgende Aufstellung bietet einen kleinen Überblick über bekannte ätherische Öle und ihre Wirkung. Ausführliche Pflanzenbeschreibungen finden Sie in den Kapiteln über die Räucherpflanzen. Manchmal wirkt das ätherische Öl anders als die direkte Verräucherung derselben Pflanze. Dies wird dann ausdrücklich erwähnt.

Bergamotte, *Citrus bergamia*

Die Bergamotte ist ein Zitrusbaum, der nur in sehr warmen Gegenden gedeiht. Seine Herkunft ist ungewiss. In Europa wird er im großen Stil in Italien angebaut, im Umland der Stadt Bergamo, die dem Baum auch seinen Namen gegeben hat. Die Frucht ist der Zitrone ähnlich und duftet wundervoll, schmeckt aber sehr sauer und ist daher ungenießbar. Verwendet wird das ätherische Öl der Schale. Das Bergamotteöl ist besonders in England seit mehreren Jahrhunderten außerordentlich beliebt, heute noch wird der berühmte »Earl Grey Tea« mit Bergamotteöl aromatisiert. Auch im legendären »Kölnisch Wasser« ist das Öl ein wesentlicher Bestandteil. Innerlich eingenommen, ist das Mittel hilfreich bei Erkrankungen des Verdauungsapparates. Der frische Zitrusduft ist sehr beliebt und hat eine stimmungsaufhellende Wirkung.

Wirkung beim Räuchern:
Erhellt die Stimmung, lindert psychische Leiden, harmonisiert, erfrischt, regt an

Duftnote:
Fruchtig-süßer Zitrusduft

Eukalyptus, *Eucalyptus globulus*

Der Eukalyptus, auch Fieberbaum genannt, ist ein schnell wachsender Baum, der aus Australien stammt, allerdings gedeiht er auch in anderen Erdteilen, wie z.B. in der warmen Mittelmeerregion. Da er zum Wachstum sehr viel Wasser braucht, wurde er häufig zur Trockenlegung von Sümpfen angepflanzt. Auf Wunden aufgelegt, wirken die Blätter desinfizierend und können so die Heilung unterstützen. Inhaliert wirkt Eukalyptus fiebersenkend und krampflösend, das Öl befreit, heilt die Atemwege und hilft bei Blasenentzündung und Migräne. Eukalyptus ist auch für seelisch erschöpfte Menschen ein geeignetes Mittel. Er fördert die geistige Klarheit, steigert die Konzentration und regt an. Allerdings sollte die Dosierung so gering wie möglich gehalten werden, denn wie alle starken Heilpflanzen wirkt Eukalyptus sonst giftig. Das ätherische Öl der Blätter ist so intensiv, daß schon eine geringe Menge den ganzen Raum mit seinem Duft erfüllt.

Wirkung beim Räuchern:
Fiebersenkend, krampflösend; fördert den Heilungsschlaf; hilft bei Asthma, Bronchitis, Erkältungen und Lungenerkrankungen; hilft bei Kopfschmerzen und Migräne; stärkt die Konzentration, klärt die Gedanken, wirkt anregend; desinfiziert die Raumluft, vertreibt Nikotingeruch; vertreibt Insekten

Duftnote:
Frisch, scharf, riecht ein wenig nach Kampfer

Vorsicht: Eine hohe Dosierung ist giftig!

Holunderblüte, *Sambucus nigra*

Der Hollerbusch begleitet den Menschen seit der Steinzeit. Vom antiken Griechenland bis zum alten Rom und genauso bei Kelten und Germanen wurde der Baum gern in der Nähe der Gehöfte angepflanzt, gewissermaßen als Hausapotheke (siehe Kapitel Räucherpflanzen aus Europa). Die Blütendolden des Holunders erinnern an kostbare, cremeweiße Spitzen und duften unvergleichlich süß-aromatisch. Sie werden zu Süßspeisen verarbeitet und geben diesen eine köstliche Geschmacksnote. Getrocknet sind Blüten und Blätter als schweiß- und harntreibender sowie fiebersenkender Aufguß seit Urzeiten im Gebrauch. Als Blütenessenz entfaltet sich der Duft der Holunderblüte viel intensiver als bei einer Räucherung mit den getrockneten Blütendolden. Leider ist das ätherische Öl nicht überall zu bekommen, aber wer einen Versuch damit gemacht hat, wird es nicht mehr missen wollen!

Wirkung beim Räuchern:

Beschwingt, belebt, erfreut; fördert eine romantische Stimmung; öffnet die Augen für die Welt der Elementarwesen; fördert das Verständnis des Schicksals

Duftnote:

Süßer, balsamischer Duft, riecht leicht nach Heu

Ingwer, *Zingiber officinale*

Ingwer gedeiht in den tropischen Gebieten Asiens. In China und in Indien ist die Wurzel ein hochgeschätztes Arzneimittel. Sie wird innerlich angewendet gegen Verdauungsbeschwerden, zur Stärkung des Kreislaufs oder kommt als verdauungsförderndes Gewürz in Speisen zum Einsatz. Ingwerwasser desinfiziert und kann deshalb bei Halsentzündungen zum Gurgeln verwendet werden, außerdem wird das regelmäßige Trinken von Ingwerwasser bei Augenleiden empfohlen. Im Mittelalter wurde Ingwer zur Vorbeugung gegen Pest und Skorbut eingenommen. Hildegard von Bingen empfahl es als Stärkungsmittel für schwache und kranke Menschen, warnte aber Gesunde davor, Ingwer einzunehmen, weil es »faul und dumm« mache. Damit dürfte die aphrodisische Wirkung gemeint sein, für die der Ingwer ebenfalls hoch geschätzt wird. Die Essenz wird durch Dampfdestillation gewonnen.

Wirkung beim Räuchern:
Desinfiziert die Raumluft; belebt, erfrischt, regt an; fördert die sexuelle Lust

Duftnote:
Frisch, leicht scharf

Jasmin, *Jasminum grandiflorum*

Die Jasminblume stammt aus den Tropen, wurde aber schon im 16. Jahrhundert von den Persern nach Europa gebracht. In der indischen Mythologie ist der »König der Blumen« dem Gott der Liebe geweiht, der mit Pfeilen aus Jasminblüten in die Herzen der Menschen schießt. In ganz Asien ist Jasmin ein Symbol für die sinnliche Liebe. Die Chinesen schätzen den Tee aus Jasminblüten. Die Essenz der Pflanze ist sehr teuer, da sie nur aus den Blüten gewonnen wird. Jasminduft wirkt nicht nur anregend auf Lust und Liebe, er hellt auch die Stimmung auf und wird daher in Indien traditionell in Krankenzimmern eingesetzt, außerdem wird auch die entkrampfende und schmerzlindernde Wirkung gelobt.

Wirkung beim Räuchern:
Desinfiziert die Raumluft; erhellt das Gemüt, stimmt optimistisch; entkrampft, entspannt, lindert Schmerzen; fördert Lust und Liebe; stärkt die Potenz

Duftnote:
Süßer, exotischer, intensiver und betörender Blütenduft

Kamille, *Chamomilla*

Die Kamille ist eine der ältesten Heilpflanzen Europas und wegen ihrer Blütezeit im Juni fast immer dem Sonnengott geweiht gewesen. Ihre stark heilende Wirkung entfaltet sie bei jeder Anwendungsart, und im Gegensatz zu anderen Heilpflanzen dieser Wirksamkeit sind Gefahren oder Nebenwirkungen bei Überdosierung nicht zu erwarten. Innerlich und äußerlich findet die Kamille als Heilmittel vielfach Anwendung (siehe Kapitel »Räucherpflanzen aus Europa«). Als Blütenessenz läßt sich die Kamille bequem zur Verbesserung der Raumluft einsetzen oder anstelle einer Inhalation verwenden. Kamillenblütenessenz wirkt stark desinfizierend und stimmt positiv und zuversichtlich.

Wirkung beim Räuchern:
Desinfiziert die Raumluft; entspannt, lindert Ängstlichkeit, vermittelt Trost und Geborgenheit; erhellt das Gemüt; lindert Schmerzen; hilft bei Erkrankungen der Atemwege

Duftnote:
Intensiver, warmer, sanfter unverwechselbarer, aromatischer Blütenduft

Kardamom, *Elettaria cardamomum*

In der Kardamomkapsel befindet sich der Samen eines asiatischen Ingwergewächses. Wir kennen es als scharfaromatisches Gewürz vor allem der Weihnachtsbäckerei, aber es ist auch ein wirksames Mittel bei Verdauungsbeschwerden und stärkt Nerven und Gehirn. Deshalb ist Kardamom ein Bestandteil vieler ayurvedischer Teemischungen. Türkischer Mokka wurde früher auch gern mit Kardamom gewürzt: Es verstärkt die anregende Wirkung des Koffeins und vermeidet die Reizung der Magenschleimhaut, die von starkem Kaffee ausgehen kann. Die Essenz wird aus den Samen gewonnen.

Wirkung beim Räuchern:
Stärkt und energetisiert; appetitanregend, fördert die Konzentration, klärt die Gedanken

Duftnote:
Intensiv, exotisch, würzig, leicht süßlich

Lavendel, *Lavandula officinalis*

Der aromatisch duftende Lavendel ist im Mittelmeerraum heimisch, gedeiht aber mittlerweile auch an sonnigen Plätzchen in kühleren Regionen. Das ätherische Öl wird aus den blauen Blüten gewonnen. Den Duft kennt man von den Lavendelsäckchen, die Motten und anderes Ungeziefer von der Wäsche fernhalten soll. Ätherisches Lavendelöl ist einer der wichtigsten Bestandteile des berühmten »Kölnisch Wassers«.

Der Lavendel bietet vielfältige Anwendungsmöglichkeiten (siehe Kapitel »Räucherpflanzen aus Europa«). Der Duft dient zur Desinfektion von Krankenzimmern, aber auch zur Segnung und zum Schutz von Säuglingen und Kleinkindern. Für die Kinderräucherung kann Lavendel mit Rosenöl vermischt werden.

Lavendel lindert Schmerzen, beruhigt das Gemüt, klärt den Geist und besänftigt Leidenschaften. In Klöstern wurde der Lavendel auch sehr geschätzt, weil er angeblich die Keuschheit förderte.

Wirkung beim Räuchern:
Desinfiziert die Raumluft; vertreibt Insekten; klärt den

Geist, beruhigt Leidenschaften, entspannt; lindert Schmerzen

Duftnote:
Erfrischend intensiver, aber zarter und reiner Blütenduft

Muskat, *Myristica fragrans*

Der Muskatnußbaum gedeiht auf den Molukken, den Antillen und auf Sumatra. Ätherisches Öl wird gewonnen aus der Nuß, die uns auch aus dem Gewürzhandel bekannt ist. Das Duftöl der Muskatnuß kann Hellsichtigkeit, Visionen und Wahrträume fördern, es stimmt mutig und zuversichtlich. Allerdings ist Muskatnuß in hoher Dosierung giftig. Dann können Kopfschmerzen und sogar Übelkeit und Erbrechen die Folge sein. Aufgrund seiner intensiven Wirkung auf das Bewußtsein wird Muskat dennoch geschätzt, sollte aber immer mit Vorsicht eingesetzt werden.

Die Essenz der Muskatblüte, wirkt wesentlich sanfter und harmonischer. Zu einer Salbe verarbeitet, lindern die Blüten Muskelschmerzen und Rheuma, und auch als Duftstoff verbreiten sie eine besänftigende und schmerzlindernde Wirkung. Die Auswirkung auf das Bewußtsein ist zwar weniger ausgeprägt, dafür aber ungefährlicher als die der Muskatnüsse.

Wirkung beim Räuchern – Muskatnuß:
Fördert Hellsichtigkeit, Visionen und Wahrträume; stimmt mutig und zuversichtlich

Duftnote:
Würzig, scharf, aromatisch, intensiv

Vorsicht! Überdosierung kann gesundheitsschädlich wirken. Beim Räuchern Fenster öffnen. Schwangere, Kranke und kleine Kinder sollten den Duft der Muskatnuß sicherheitshalber ganz meiden.

Wirkung beim Räuchern – Muskatblüte:
Fördert die spirituelle Arbeit; stimmungsaufhellend; schmerzlindernd

Duftnote:
Aromatisch, fein würzig, fruchtig

Myrte, *Myrtus communis*

Seit der Antike gilt die Myrte als Symbol für Liebe und geistige Reinheit. Sie gehörte in allen Kulturen zu den wichtigsten Pflanzen für rituelle Räucherungen. Der Myrtenstrauch gedeiht nach wie vor in warmen Ländern; heutzutage ist er noch weit verbreitet in der korsischen Macchia, einem wilden Strauchdickicht, in dem sich die Düfte von Rosmarin, Salbei, Thymian und der wilden Myrte mischten. Der Myrtenstrauch ist immergrün, die glänzenden, aromatisch duftenden Blätter sind mit vielen kleinen Öldrüsen bedeckt. Das ätherische Öl wird aus den Blättern gewonnen.

Als Heilmittel wirkt die Myrte umfassend auf den Verdauungstrakt. Der Duft hilft bei Migräne, lindert Schmerzen und hilft bei Niedergeschlagenheit. Eine Myrtenräucherung hilft zu verzeihen, heilt seelische Wunden und schafft damit die ideale Voraussetzung für Gebet und Meditation.

Das ätherische Öl stammt meistens nicht von der echten Myrte, sondern von einer australischen Pflanze, dem Teebaum (Melaleuca alternifolia).
Fragen Sie also beim Einkauf genau nach!

Wirkung beim Räuchern:
Lindert Migräne und andere Schmerzen; stimmt positiv, tröstet und öffnet das Herz; schenkt Lebenskraft und Vitalität; verbreitet eine Schwingung allumfassender Liebe; fördert die sexuelle Lust; vertieft Meditation und Gebet

Duftnote:
Fein, weich, klar, laubartig

Orangenblüte, *Citrus sinensis*

Orangen- und Zitronenbäume stammen aus den tropischen Gebieten Südostasiens. Der Süßorangenbaum gelangte zuerst nach Nordafrika und wurde dann von den Arabern auch in Spanien angepflanzt. Früher war die Frucht ausschließlich den Reichen zugänglich, heute ist sie in jedem Supermarkt erhältlich. Ätherisches Öl wird auch aus der Schale gewonnen (siehe Bergamotte), aber die Essenz der frischen Blüten ist wegen ihres unvergleichlichen Duftes begehrter, allerdings auch wesentlich teurer. Orangenblütenessenz ist ein hoch wirksames Mittel bei Niedergeschlagenheit, es tröstet, stimmt zufrieden und dämpft die Nervosität.

Wirkung beim Räuchern:
Hilft bei Depression und Niedergeschlagenheit; beruhigt, entspannt; lindert Schmerzen; fördert eine zufriedene, versöhnliche Stimmung

Duftnote:
Lieblich, süß, aromatisch, intensiver Blütenduft

Patchouli, *Pogostemon cablin*

Die Patchoulipflanze ist ein exotisches Lippenblütengewächs. Der Duft erinnert entfernt an den der Myrrhe, und ähnlich wie diese wirkt die Pflanze aphrodisisch, aber auch erdend. Als Kult- und Zauberpflanze hat sie eine lange Tradition. So wird sie im Voodoo für Geld- und Liebeszauber verwendet. In Indien ist Patchouli Bestandteil vieler Räuchermischungen. Da der Duft Insekten vertreibt, werden kostbare Stoffe oder Teppiche damit beduftet. Auch im Westen hat Patchouli immer wieder Anhänger: schon im England des 17. Jahrhunderts war der Duft beliebt, und um 1960 wurde er in der Flowerpower-Bewegung von den Hippies sehr geschätzt. Das ätherische Öl wird aus den Blättern der Pflanze gewonnen. Je älter es ist, desto besser duftet es!

Wirkung beim Räuchern:
Vertreibt Insekten; hilft bei Angst und Niedergeschlagen-

heit; fördert Lust und Liebe; erdet, und verbindet mit materiellen Werten

Duftnote:
Schwer, erdig, sinnlich, holzig

Pfefferminze, *Mentha*

Es gibt außerordentlich viele Minzenarten, gemeinsam sind ihnen die rosafarbenen Blüten und der intensive Duft der Blätter. Die Essenz wird aus den Blättern gewonnen. Je weiter nördlich die Pflanzen gedeihen, um so intensiver ist die Essenz. Besonders geeignet für die Destillation ist eine englische Pfefferminze namens »Mitcham«.

Minze wirkt krampflösend, galletreibend und dadurch verdauungsfördernd. In der griechischen Antike galt Minze als Aphrodisiakum, und die Araber scheinen diese Auffassung geteilt zu haben, denn Minztee, heiß oder gekühlt, war ein beliebtes Getränk der vornehmen Haremsdamen. Blätter der sogenannten Katzenminze wurden von keltischen Kriegern vor dem Kampf gekaut, um Wildheit und Entschlossenheit zu stärken.

Minzöl ist ein hochwirksames Mittel bei Reiseübelkeit, Migräne und Schwindel – allerdings darf es nicht mir Schleimhäuten in Berührung kommen. Inhaliert hilft es auch bei Erkältung.

In neueren Texten wird oft erwähnt, daß Minze ein lustdämpfendes Kraut sei. Ursache dafür dürfte wohl das reinigende und klärende Aroma der Minze sein, das sicher keine »blinde« Leidenschaft fördert.

Die klärende und bereinigende Wirkung der Minze hat sie bei all jenen in Mißkredit gebracht, die klassische Homöopathie anwenden oder homöopathische Mittel einnehmen, denn Minze wirkt selbst so feinstofflich bereinigend, daß es unter Umständen die feinen Schwingungen der homöopathischen Hochpotenzen auflösen kann.

Wirkung beim Räuchern:
Hilft bei Reiseübelkeit und Schwindel; hilft bei Migräne; löst die Verschleimung bei Erkältung; beruhigt und lindert Schmerzen; erfrischt und entspannt; fördert klare Gedanken; erleichtert den Beginn einer Liebesbeziehung; fördert die Lust

Duftnote:
Frisch, aromatisch, intensiv

Rose, *Rosa canina, Rosa damascena*

Die vielgeliebte Rose wächst in unzähligen Formen auf der ganzen Erde, vorzugsweise in gemäßigtem Klima. In Mitteleuropa sind die Hundsrose und die Feldrose heimisch, die in der Blütezeit einen herrlichen, betörenden Duft entwickeln. Dieser Blütenduft wurde schon immer geschätzt, er läßt sich in Rosenwasser oder Rosenöl am besten einfangen. Die aufwendigen Destillierungsverfahren wurden schon früh im Orient entwickelt. Echte Rosenessenz ist teuer, weil – ähnlich wie bei Orangenblüten – große Mengen der Blumen für wenige Tropfen Öl gebraucht werden.

Die gefüllte, prachtvolle Damaszenerrose wurde von den Kreuzrittern nach Europa gebracht. In allen antiken Hochkulturen war sie als Allheilmittel und als Symbol der Göttin – und damit der Liebe – gleichermaßen geschätzt. Die Verbindung der farbenprächtigen Blüten mit den Dornen wurde immer wieder als Sinnbild für Leben und Liebe, Geburt und Tod verstanden.

Der wundervolle Rosenduft beruhigt, harmonisiert, segnet und versöhnt. In einer Räucherung zur Förderung einer Liebesbeziehung ist die Rose eine wesentliche Zutat; ebenfalls in Räucherungen, die kleine Kinder segnen und schützen.

Wirkung beim Räuchern:
Beruhigt, harmonisiert, stimmt versöhnlich; fördert die Liebe; segnet und schützt besonders kleine Kinder

Duftnote:
Aromatischer, süßer, unverwechselbarer Duft

Rosmarin, *Rosmarinus officinalis*

Rosmarin, auch Meertau, Krankenkraut oder Hochzeitsblume genannt, ist in den warmen Mittelmeerregionen heimisch und gedeiht besonders gut in Küstennähe. In den wärmeren Regionen ist Rosmarin eine seit Jahrtausenden angebaute Heil- und Gewürzpflanze. Sie hatte auch immer eine kultische Bedeutung und wurde bei Bestattungen und Totenfeiern verräuchert. Das ätherische Öl wird aus den blauen Blüten gewonnen. Wie bei allen

Blütenessenzen ist die Ausbeute im Vergleich zu der gebrauchten Blütenmenge sehr gering.

In der alten griechischen Hochkultur bekränzten sich die Gelehrten mit Rosmarinzweigen, weil der Duft die Gedankenklarheit fördert und das Gedächtnis kräftigt. Arabische Ärzte des Altertums meinten sogar, Rosmarin könne das Gedächtnis und die einem Menschen durch Schock »verlorene« Sprache zurückbringen. Das ätherische Öl des Rosmarins wirkt tatsächlich belebend. Die Wirkung des Rosmarinblütenöls unterscheidet sich ein wenig von der Räucherung des getrockneten Krauts.

Es sollte nur eine sehr geringe Menge des ätherischen Öls verwendet werden, denn es ist sehr wirksam! Zu hoch dosiert, könnte es einen epileptischen Anfall auslösen.

Wirkung beim Räuchern:
Desinfiziert die Raumluft; stärkt das Gedächtnis, schärft die Gedanken; klärt den Geist; regeneriert bei intellektueller Überanstrengung; hilft bei Kopfschmerzen und Migräne; belebend bei Ohnmacht; tröstend und stimmungsaufhellend

Duftnote:
Durchdringend frisch, aromatisch

Vorsicht:
Menschen, die zu epileptischen Anfällen neigen, sollten Rosmarinblütenessenz vorsichtshalber meiden!

Salbei, *Salvia officinalis*

Salbei hat als Heilpflanze eine sehr lange Tradition. Über die gesamte Erde verbreitet gibt es Tausende von Salbeiarten, mehr oder weniger aromatisch, aber alle sehr wirksam.

Wenn die arabischen Ärzte des Altertums sagten: »Wie kann ein Mensch sterben, dem Salbei im Garten wächst?«, dann spielten sie damit auf das ganze breite Spektrum seiner Heilwirkung an. Unzählige Inhaltsstoffe des Salbeis wirken sich positiv auf Darm und Magen aus; mildern bei Erkältungskrankheiten, Zahnleiden, Gehirnerkrankungen, Störungen des Nervensystems, Hautausschlägen und kommen als Desinfektionsmittel zum Einsatz. Allerdings sollte der Salbei, wie jedes Medikament, nicht in zu hoher Dosierung eingenommen werden, da er auch toxisch wirken kann. Den Römern war Salbei die heiligste Pflanze. Die Druiden lobten den Salbei als ein Kraut, das Tote wieder zum Leben erwecken könne. Mit der Verbreitung der christlichen Klöster begann auch der Anbau des Salbeis in den nördlicheren Regionen Europas. Salbei dämpft die Leidenschaften und verleiht einen klaren Geist, was ihn für die Geistlichen interessant machte.

Die Essenz wird aus der ganzen Pflanze gewonnen. Der Duft reinigt, desinfiziert, klärt den Geist, fördert die Konzentration und beruhigt die Gefühle. Eine der am meisten geschätzten Wirkungen des Salbeis dürfte seine spirituelle Reinigungskraft sein. Mit Salbei beräucherte Räume und Ställe können von negativen geistigen Einflüssen aller Art befreit werden. Das ätherische Öl sollte unbedingt sehr sparsam dosiert werden, denn in höheren Dosierungen kann Salbei toxisch wirken, und eine Essenz ist bereits eine sehr hohe Konzentration. Selbst bei schwacher Dosierung kann Salbeiessenz epileptische Anfälle auslösen, deshalb sollten entsprechend erkrankte Menschen das ätherische Öl des Salbeis meiden.

Wirkung beim Räuchern:
Starkes Desinfektionsmittel; fördert Konzentration und geistige Klarheit; besänftigt leidenschaftliche Gefühle; tröstet bei Niedergeschlagenheit, hilft bei Depression; stärkt die Abwehr, reinigt die Atmosphäre, schützt vor negativen spirituellen Einflüssen

Duftnote:
Würzig, herb, aromatisch

Vorsicht! Schwangere und stillende Frauen sollten das ätherische Öl des Salbeis meiden. Das gilt auch bei Erkrankungen des Nervensystems – wie etwa bei epileptischen Anfällen!

Thymian, *Thymus vulgaris*

Thymian liebt Sonne, Wärme und kargen Boden. Er ist im gesamten Mittelmeerraum verbreitet, aber es gibt auch Arten, die sich in den gemäßigteren Breiten durchgesetzt haben. Die Essenz wird aus den rosa Blüten gewonnen. Dabei müssen einige reizende Substanzen ausgefiltert werden.

Thymian ist einer der frühesten Räucherstoffe. Im antiken Griechenland war es die Räucherpflanze schlechthin, denn der Name stammt vom griechischen »Thymon« ab, und dies bedeutet ausräuchern. Bei Griechen und Römern gehörte der Rauch des Thymians zu jedem Ritual, denn der intensive Thymianrauch vertreibt negative geistige Wesenheiten, klärt den Geist und stärkt den Mut. Den Griechen war der Thymianduft so angenehm, daß eine Salbung mit Thymianöl zur täglichen Körperpflege gehörte.

Auch für die Kelten war Thymian eine heilige Pflanze. Er sollte helfen, den Geist zu klären und den Mut zu stärken – ganz wie im antiken Rom und Griechenland. Bei den Germanen zählte er zu den neun magischen Kräutern und war der Freya geweiht. Thymian wurde als Heilmittel bei Erkrankungen der Gebärmutter und bei Brustentzündungen eingesetzt. Thymianräucherungen unterstützten bei schweren Geburten Mutter und Kind, Thymianaufguß stärkte die stillende Mutter. Da der Thymianduft Ungeziefer abhält, wurden Säuglinge und Kleinkinder ebenfalls mit Thymianrauch beräuchert. Wird der Dampf eines Thymianaufgusses inhaliert, hilft das bei Nebenhöhlenentzündungen.

Schon früh begann man, Krankenzimmer mit dem Rauch des Thymians zu desinfizieren, eine Wirkung, die auch während der Pestzeit geschätzt wurde. Deshalb heißt der Thymian auch »schwarzer Weihrauch«.

Wirkung beim Räuchern:
Starkes Desinfektionsmittel für Raumluft; schützt vor Infektionen, stärkt das Immunsystem, befreit die Atemwege,

beruhigt und stärkt das Nervensystem, klärt den Geist, öffnet die spirituellen Augen; stimmt mutig und zuversichtlich; schützt vor negativen spirituellen Einflüssen; schützt Gebärende, stillende Mütter und kleine Kinder; vertreibt Ungeziefer

Duftnote:
Aromatisch, unverwechselbar, intensiv

Vanille, *Vanilla planifolia*

Die Vanille ist eine Kletterorchidee, die in Mexiko heimisch ist. Zwar läßt sie sich auch an anderen Orten kultivieren, aber die Bestäubung geschieht durch ein Insekt, das ausschließlich in Mexiko vorkommt. Deshalb muß in anderen Anbaugebieten die Befruchtung künstlich vorgenommen werden. In Mexiko hat der Gebrauch der Vanille eine lange Tradition. Dabei sind viele Arbeitsschritte nötig, bis die Schoten geerntet werden können, was den Preis auch heute noch hoch hält. Nach Safran ist die echte Vanille nach wie vor das teuerste Gewürz der Welt. Die Orchidee blüht nur einen einzigen Tag und bildet nach der Bestäubung eine grüne Fruchtkapsel – die Schote. In einem langwierigen Prozeß wird diese mit Dampf und heißem Wasser zum Schwitzen gebracht und dann in der Sonne getrocknet. Erst dann hat die Vanilleschote ihre braune Farbe und das unverwechselbare Aroma. Die Azteken mischten Vanille mit »cacahuatl«, dem Kakao. Vanille wirkt leicht euphorisierend und stimmt bei Angst und Niedergeschlagenheit positiv. Diese Wirkung wurde durch das Koffein des Kakaos noch verstärkt. Die Azteken nutzten Vanille aber auch als Medikament gegen Herzbeschwerden, als allgemeines Stärkungsmittel sowie zur Linderung bei Periodenbeschwerden. Außerdem harmonisiert und beruhigt der Duft der Vanille unruhige, ängstliche oder nervöse Kinder und Erwachsene. Zudem dämpft der Vanilleduft leicht den Appetit und stillt das Verlangen auf süße Speisen – ganz einfach durch Inhalieren! Wenige Tropfen Vanilleessenz in der Aromalampe sind also eine echte Hilfe für alle, die gerne naschen, aber dennoch einige Pfunde verlieren möchten.

Eine Wirkung machte und macht die Vanille aber besonders begehrt: das Vanillin ist chemisch verwandt mit den Sexuallockstoffen der Menschen. Wer sich mit Vanille parfümiert wirkt unfehlbar anziehend auf das andere Geschlecht. Daher rieben sich die reichen Aztekinnen Haare, Haut und Gewänder reichlich mit Vanilleschoten ein. Bis heute ist die Vanille das natürlichste »Pheromon«. Allerdings dürfte es schwierig und kostspielig sein, Parfums zu bekommen, die tatsächlich mit natürlichem Vanillin hergestellt sind. Dasselbe gilt für das Aromaöl!

Wirkung beim Räuchern:

Entkrampft, entspannt, wärmt Kinder und Erwachsene; befriedigt das Verlangen nach Süßigkeiten; leicht appetithemmend; harmonisiert, stimmt positiv; starkes Aphrodisiakum, erhöht die sexuelle Anziehungskraft, fördert Lust und Liebe

Duftnote:

Zart, süß, weich, warm, sinnlich

Ylang-Ylang, *Cananga odorata*

Die Bäume, auf denen die geheimnisvollen Ylang-Ylang-Blüten wachsen, findet man auf den Philippinen. Der tropische, wundervolle Duft ist außerordentlich beliebt. Traditionell wird er als Aphrodisiakum eingesetzt, er steigert das sexuelle Verlangen und die männliche Potenz. Ylang-Ylang wird aber auch Frauenöl genannt, weil es ebenfalls die weibliche Bereitschaft zur Liebe fördert und die intensiv süße Duftnote wohl eher von Frauen geschätzt wird. Der Duft kann auch bei ängstlichen, aufgeregten Seelenzuständen harmonisieren und helfen, den inneren Frieden wiederzufinden. In höherer Dosierung wirkt Ylang-Ylang leicht betäubend.

Die Essenz aus den Blüten ist leicht über den Handel zu beziehen, sie findet sich in fast jedem Sortiment.

Wirkung beim Räuchern:

Entspannt, harmonisiert; hilft, den inneren Frieden wiederzufinden; starkes Aphrodisiakum, fördert Lust und Liebe; stärkt die Potenz

Duftnote:

Betörender, süßer, tropischer, intensiver Blütenduft

Zimt, *Cinnamomum verum*

Ceylonzimt stammt aus Indien und Ceylon und ist die botanische Entsprechung der chinesischen Cassia. Während in der Vergangenheit Cassia einfach leichter zu erhalten war, ist jetzt der Ceylonzimt die leichter zugängliche Handelsware. In der ayurvedischen Medizin wird Zimt besonders als Heilmittel für Verdauungsbeschwerden eingesetzt. In jüngster Vergangenheit ist Zimt auch im Westen als hochwirksames Naturheilmittel zur Linderung der Volkskrankheit Diabetes mellitus Typ 2 zu neuer Berühmtheit gelangt. Räucherstäbchen aus Zimtrinde sind in Indien sehr beliebt und gebräuchlich.

Zimtduft wird im Abendland vor allem mit Weihnachten in Verbindung gebracht. Die tröstende, erwärmende und stimmungsaufhellende Wirkung kann in der dunklen Jahreszeit besonders intensiv erlebt werden. Zimtduft dämpft, ähnlich wie Vanilleduft, den Appetit. Allerdings sollte das ätherische Zimtöl besonders vorsichtig verwendet werden, damit es nicht mit dem Körper in Berührung kommt, es ist sehr stark hautreizend!

Wirkung beim Räuchern:

Dämpft leicht den Appetit; löst Krämpfe, entspannt; stimmungsaufhellend, tröstend; entspannt bei seelischer Belastung; fördert die Durchblutung, erwärmt; fördert die sexuelle Lust; steigert die Potenz

Duftnote:

Unverwechselbar aromatisch, süß-warm, riecht schwach nach Pfeffer

Zusammenstellung der ätherischen Öle nach ihrer Wirkung:

Desinfektion der Raumluft:

Alle Aromaöle desinfizieren die Raumluft. Eine besonders starke antibakterielle Wirkung haben: Eukalyptus, Ingwer, Jasmin, Kamille, Lavendel, Rosmarin, Salbei, Thymian

Stärkung der Abwehrkräfte:

Salbei, Thymian

Stimmungsaufhellung:

Bergamotte, Holunderblüte, Jasmin, Muskat, Myrte, Orangenblüte, Patchouli, Rosmarin, Salbei, Thymian, Vanille, Zimt

Konzentration, klare Gedanken:

Eukalyptus, Kardamom, Pfefferminze, Rosmarin, Salbei

Entspannung:

Jasmin, Kamille, Lavendel, Orangenblütenöl, Pfefferminze, Vanille, Ylang-Ylang, Zimt

Erfrischung, Anregung:

Bergamotte, Eukalyptus, Holunderblüte, Ingwer, Kardamom, Myrte, Pfefferminze

Lust und Liebe:

Holunderblüte, Ingwer, Jasmin, Myrte, Patchouli, Pfefferminze, Rose, Ylang-Ylang, Vanille, Zimt

Heilung:

Eukalyptus, Jasmin, Kamille, Lavendel, Myrte, Orangenblüte, Pfefferminze, Rosmarin, Salbei, Thymian

Welche Substanzen eignen sich zum Räuchern?

Es ist gut vorstellbar, daß entwicklungsgeschichtlich zuerst die Hölzer und ihre Duftwirkung entdeckt wurden. Schließlich wurden diese an Herd- und Lagerfeuern ohnehin verbrannt, und unsere Vorfahren werden bald entdeckt haben, daß manche Hölzer beim Verbrennen aromatischer riechen als andere.

Räucherwerk wird auf die Glut gelegt, denn nur durch sanftes Verglimmen entwickelt der Duft sein volles Aroma. Neben dem allgemeinen Wohlgefühl, das durch den angenehmen Geruch entsteht, entfalten die Räucherhölzer auch andere Wirkungen auf den menschlichen Körper. Sie entspannen oder regen an, lindern Schmerzen oder unterstützen die spirituelle Tätigkeit. Daß in der Vor- und Frühgeschichte die Wirkung des Duftes sehr viel intensiver erlebt wurde, als wir uns das heute mit unserem fast verkümmerten Geruchssinn vorstellen können, erklärt die hohe Wertschätzung der Menschen gegenüber dem Räucherwerk. Schon früh in der Menschheitsgeschichte wurden Hölzer, wie etwa indisches Sandelholz oder die Libanonzeder, über weite Entfernungen in alle Teile der bekannten Welt exportiert. Die Urkulturen waren über Handelswege und andere Kommunikationsformen in größerem Umfang verbunden, als es die Geschichtsschreibung heute vermittelt. Auch die detaillierten Kenntnisse, die das Gewinnen von Räucherhölzern erforderte, können uns in Erstaunen versetzen. Adlerholz zum Beispiel muß einen langen Reifeprozeß durchlaufen – das heißt vermodern, von Pilzen befallen und dann aus den Sümpfen geborgen und getrocknet werden, bis es seinen unvergleichlich köstlichen Duft beim Räuchern entfalten kann. Von manchen Bäumen wird auch lediglich die getrocknete Rinde verwendet, wie bei Cassia oder Zimt.

Wer an einem heißen Sommertag in einem Fichten- oder Tannenwald, in einem Wacholder- oder gar einem südländischen Zypressenhain gewandert ist, der hat den balsamischen Duft der schwitzenden Harze erlebt. Harz fließt aus, wenn die Rinde der Bäume verletzt wird. Getrocknet, wird die klebrige Substanz zum duftendsten Räucherwerk. Vor Tausenden von Jahren machten sich die Menschen schon diese Tatsache zunutze und ritzten die Baumrinden künstlich ein, um mehr von dem duftenden Räucherwerk zu gewinnen. In teilweise sehr aufwendigen Zubereitungsverfahren wurde so von Afrika bis Südamerika das Harz gewonnen. Zuweilen muß das Harz dann noch gereinigt oder in speziellen Verfahren getrocknet werden, wie etwa der Copal oder der Tolubalsam in Südamerika. Auch der legendäre Weihrauch aus Afrika schwitzt sein kostbarstes Harz erst beim dritten oder vierten Schnitt aus. Der hohe Arbeitsaufwand und die nicht geringen chemischen Kenntnisse, die bei der Gewinnung des Räucherwerkes nötig waren, vermitteln etwas von der hohen Bedeutung, die das Räuchern einst für die Menschen hatte.

Sogar Bernstein, das fossile Harz, das aus dem Meer angespült wird, kann verräuchert werden.

Neben den Hölzern spielt noch die gesamte Palette der aromatischen Heilkräuter eine wichtige Rolle als

Räucherwerk. Viele innere Erkrankungen, wie etwa Oberbauch- oder Unterleibsbeschwerden, wurden von den antiken Ärzten zwar durchaus diagnostiziert. Eine Heilung durch Entfernen der kranken Struktur, also Operation, gehörte aber nicht zum Spektrum der bekannten Behandlungsangebote. Also wurden die Kranken mit durchaus großem Erfolg von außen beräuchert. Auch bei Gelenkbeschwerden, Schlafstörungen, chronischen Schmerzen, Geburten, Entzündungen und zur Desinfektion der Krankenzimmer bei Seuchen wurde medizinisches Räucherwerk eingesetzt. Davon ist heutzutage nicht viel übriggeblieben. Auch die Inhalation bei Erkrankungen der Atemwege wird leider nur noch selten angewandt.

Diese Behandlungsmethoden waren auch den medizinisch ungebildeten Menschen bekannt, und da die Heilkräuter meist auch eine beruhigende oder aber belebende Wirkung haben, wurden sie auch im Alltagsleben verräuchert.

Blumendüfte und Gewürze zeigen oft eine aphrodisische Wirkung, das heißt, sie wecken oder steigern das sexuelle Verlangen, haben eine potenzfördernde oder eine auf das andere Geschlecht anziehende Wirkung und schaffen eine entspannte, sinnliche Atmosphäre. Gerade dieser Aspekt wurde an den kostbaren Drogen hoch geschätzt. In allen antiken Hochkulturen war der Gebrauch von Räuchermischungen zur Luststeigerung gängige Praxis.

Auch Samen, wie beispielsweise Koriander- oder Eschensamen, können verräuchert werden. Viele geschätzte und teure Gewürze, wie Vanille oder Zimt, Salbei oder Lorbeer, sind ebenfalls sehr gut zum Räuchern geeignet. Ihr Vorteil ist, daß sie meist in guter Lebensmittelqualität erhältlich sind.

Auch tierische Produkte wie Ambra oder Moschus waren jahrtausendelang außerordentlich beliebt und begehrt – gerade wegen ihrer aphrodisischen Wirkung. Weil die entsprechenden Tiere – Wale und Moschushirsche – mittlerweile vom Aussterben bedroht sind, sollte man heutzutage auf diese Duftstoffe besser verzichten.

Für manche magischen Rituale werden dem Räucherwerk sogar gemahlene Edelsteine beigemischt, das zeigt, daß es offensichtlich keinen Stoff der Natur gibt, der nicht zum Räuchern geeignet wäre.

In den nachfolgenden Kapiteln wird eine Auswahl der bekanntesten Räucherstoffe aus Europa und der ganzen Welt vorgestellt.

Räucherstoffe aus aller Welt

Adlerholz, Aloeholz, *Aquilaria agallocha Roxb.*

Das echte Adler- oder Aloeholz hat keinerlei botanische Verwandtschaft mit der Aloepflanze. Aloeholz ist im Orient seit dem Altertum einer der begehrtesten und kostbarsten Räucherstoffe. Da der Baum fast ausschließlich in den entlegenen Wäldern Assams in Indien wächst und sonst nur vereinzelt in Kambodscha und Vietnam, können wir über die ausgedehnten Handelswege unserer Vorfahren nur staunen, auf welchen das kostbare Adlerholz in alle Welt vertrieben wurde. In China war Alderholz schon im 4. Jahrhundert als Heilmittel und meditationsförderndes Räucherwerk bekannt. Insbesondere in Japan wird das Adlerholz seit dem 7. Jahrhundert hoch geschätzt. Die achtsame Wahrnehmung des Aloeholzrauches ist die Grundlage der Koh-Do-Zeremonie, des meditativen Weges des Duftes.

Auch den arabischen Sufis war und ist das Adlerholz eine der wichtigsten Unterstützungen bei der Erlangung der höchsten meditativen Stufen. Nach wie vor wird an hohen islamischen Feiertagen das Oud, wie das Aloeholz dort genannt wird, verräuchert. Seine unterstützende Wirkung für den spirituell strebenden Menschen wird im ganzen Orient geschätzt. Dabei gilt die Regel: Je fortgeschrittener der Geistesschüler ist, um so stärker wirkt der Rauch des Adlerholzes.

In der Bibel wird der unvergleichliche Duft der Aloe besungen, und die Araber schätzen den Räucherstoff unter dem Namen Ud. Dioskurides, ein Arzt der griechischen Antike, lobte das Adlerholz, innerlich eingenommen, als unvergleichliches Heilmittel bei »Seitenschmerz« (Blinddarmentzündung!) und bei Leber- und Gallenleiden. Der Rauch des Holzes hat eine tief beruhigende, entspannende und gemütsaufhellende Wirkung und ist deshalb eine Hilfe bei Depressionen und anderen psychischen Leiden.

Zudem wirkt der Duft von Adlerholz aphrodisisch, deshalb beräucherte Salomo seine Gewänder damit, und bis heute ist der Duft ein beliebter Bestandteil männlicher Parfums. Auch Frauen in arabischen Ländern beduftеten ihre Gewänder mit Udrauch, um ihren Geliebten zu gefallen.

Von jeher werden für das beliebte Adlerholz Höchstpreise gezahlt. Nur Könige konnten sich den täglichen Gebrauch dieses kostbaren Räucherwerkes leisten. In Japan ist Adlerholz in unterschiedlichsten Qualitäten erhältlich, der Preis dafür kann sogar über dem Goldpreis liegen. Kein Wunder, daß immer wieder versucht wurde, einen so kostbaren Rohstoff zu fälschen oder zumindest zu »strecken«! Gelungen ist dies allerdings nicht – Kenner riechen den Unterschied sofort. Für den Laien gilt: Echtes Adlerholz kann niemals billig sein. Die reinste Qualität des Räucherstoffes scheint über japanische Anbieter erhältlich zu sein.

Im Abendland war das köstliche Räucherwerk nur Eingeweihten bekannt, und es war viele Jahrhunderte lang so gut wie gar nicht erhältlich – ganz so, als wollte der sonst so handelsfreudige Orient diesen Schatz für sich behalten. Deshalb fehlen den Europäern Erfahrungen mit dem Adlerholz. Da aber schon kleine Holzsplitter beim Verglimmen ihren unverwechselbaren Duft abgeben, ist das Räuchern mit dem unvergleichlichen Adlerholz für jeden Interessierten zu empfehlen.

Was ist das Geheimnis dieses Baumes? Der Adlerbaum an sich hat keinen besonders angenehmen Duft. Eigentlich ist der Baum recht unscheinbar. Wird der Stamm aber von Pilzen befallen, z.B. dem Phomopsis aquilariae, dann sondert er Harz ab. Je mehr das Holz des Baumes von Harz durchsetzt ist, desto aromatischer wird es beim Verräuchern duften. Gesteigert wird die Qualität des Holzes, wenn der Baum dann noch lange in Wasser oder im Erdreich vermodert. Dadurch entsteht eine zusätzliche Fermentation. Liegt ein Adlerholzstamm jahrhundertelang unter einer Erd- oder Sumpfschicht, dann bleibt von dem Holz fast nur das reine Harz erhalten – diese fossilen Stücke sind die kostbarsten. Außerdem haben auch Klima, Wasser und die Bodenbeschaffenheit einen Einfluß. Kenner, wie die japanischen Koh-Do-Zeremonienmeister, können am aufsteigenden Rauch sogar unterscheiden, von welchem Teil des Baumes das Räucherwerk stammt.

Das ursprünglich graue Holz des Adlerbaums wird durch den Pilzbefall fast schwarz und sinkt, wenn es in Wasser gelegt wird. Wie schnell es im Wasser sinkt, gibt Auskunft über die Qualität des Holzes. Schon geringste Mengen Adlerholz verströmen einen unvergleichlichen, balsamischen oder würzig-süßen Duft mit einem leicht bitteren Hauch. Während das Holz verglimmt, scheint es immer neue Duftnoten hervorzubringen, und es kann ganze Tempel oder Paläste damit erfüllen.

Verwendete Pflanzenteile:
Holz

Wirkung beim Räuchern:
Vertieft die Meditation, fördert die spirituelle Entwicklung; entspannt, löst, entkrampft; erhellt die Stimmung, lindert psychische Leiden; steigert Lust und Leidenschaft

Duftnote:
Unvergleichlicher Duft: balsamisch, leicht bitter, wurzig, süß, verführerisch, ergiebig

Balsam, *Commiphora opobalsamum*

Der Mekkabalsam gehörte zu den heiligen Duftstoffen der althebräischen Zeit. Der überaus anspruchslose Baum trotzt selbst der trockensten Wüstenhitze. In biblischer Zeit gedieh er in den Wäldern von Gilea und im Gebirge von Mekka, in Jericho und am Berg Zion. Der Balsamhandel war ein Monopol der jüdischen Könige, sie bewahrten es geschickt über viele Jahrhunderte hinweg und vertrieben den Balsam in die gesamte damalige Welt. Sein Duft und seine Heilkraft wurden so legendär, daß das Wort Balsam für Wohlgeruch schlechthin steht und aus dem Gewächs hergestellte Cremes zu einem Synonym für eine wohltuende und heilkräftige Salbe wurden. Neben dem köstlichen Duft des Räucherwerks heilte der Balsam die Unfruchtbarkeit der Frau, er regte aber auch die Manneskraft an und wurde für sakrale Zwecke eingesetzt. Die Christen verwendeten den Balsam für ihre heiligen Öle und Salbungen, und ab dem 16. Jahrhundert war der echte Mekkabalsam, wahrscheinlich aufgrund allzu eifriger Ernte, selten und unerschwinglich teuer geworden. Nach und nach verschwand er auch aus den Apotheken, für die er jahrhundertelang ein wertvoller Grundstoff gewesen war. Heutzutage ist Mekkabalsam im Handel nicht mehr erhältlich.

Perubalsam, *Myroxylon balsamum*

Gerade als in der Alten Welt der Balsam knapp wurde, hatten die portugiesischen und spanischen Seefahrer die Küsten Südamerikas für sich entdeckt. Hier fanden sie zwei Bäume, die bis heute den besten und edelsten Ersatz für den Mekkabalsam bilden können, denn sie stammen aus derselben botanischen Familie. Der Perubalsambaum ist vom nördlichen Südamerika bis nach Mittelamerika verbreitet. Er wurde Perubalsam genannt, weil der gesamte Handel mit dem kostbaren Harz über Peru abgewickelt wurde.

»Dieser Baum steht bei den Indianern in solchem Ansehen, daß sie ihn bei ihren heidnischen Riten und Zeremonien wie einen Gott verehren«, schrieb John Gerard 1529 (The Herbal). Tatsächlich hatte Perubalsam schon lange eine Tradition bei den antiken Kulturen der Mayas und Azteken. Die Gewinnung des Harzes erfordert viel Kunstfertigkeit und menschliche Arbeitskraft, denn zunächst muß die Harzproduktion des Baumstammes durch Beklopfen angeregt werden. In einem zweiten Arbeitsgang wird die Außenrinde abgeschält, und dann wird der austretende Balsam mit Lappen aufgesogen, die anschließend ausgekocht werden müssen, damit das reine Harz gewonnen werden kann. Den Indianern diente der Perubalsam als Wundheilmittel, z.B. bei Kriegsverletzungen. Diesen Gebrauch übernahmen die spanischen Eroberer, und sie konnten die Wirkung der »Wundermedizin« nicht genug loben. Ebenfalls äußerlich angewandt heilt Perubalsam selbst hartnäckige Hautleiden. In einer recht komplizierten Prozedur gelang den Indianern sogar die Ausheilung von Darmgeschwüren und Tumoren mit dem Wundermittel. Verräuchert hilft Perubalsam bei Erkältungskrankheiten.

1521 gestattete der damalige Papst Pius V. den Gebrauch des Perubalsams anstelle des mittlerweile unerschwinglich gewordenen Mekkabalsams.

Perubalsam duftet nach Kakao und Vanille, er harmonisiert, wirkt tröstlich, entspannend und aphrodisisch. Allerdings entwickelt Perubalsam, allein verwendet, sehr viel Rauch, so daß es sinnvoll ist, ihn mit anderen Räucherzutaten zu vermischen. Perubalsam ist Bestandteil sogenannter Glücksräucherungen, denn er bewirkt eine glückliche, gelöste Stimmung, und es heißt, der Rauch würde Wohlstand und Glück anziehen. Perubalsam ist über Apotheken zu beziehen.

Im Handel erhält man aber auch einen synthetisch hergestellten Perubalsam, den Balsamum peruvianum, der allergische Hautreaktionen und Reizungen hervorrufen kann – im Gegensatz zum echten Perubalsam, der gerade bei Hautleiden seine Heilkraft entfaltet.

Verwendete Pflanzenteile:
Harz

Wirkung beim Räuchern:
Vertieft Meditation und Gebet; hellt die Stimmung auf, stimmt glücklich und zuversichtlich; fördert kreative Arbeit und beflügelt die Phantasie; fördert eine lustvolle Stimmung; lindert Husten und hilft bei Erkältungskrankheiten; hilft bei Hautleiden

Duftnote:
Balsamisch, riecht nach Vanille und Kakao

Vorsicht: Empfindliche Menschen, Allergiker und Patienten mit Hautleiden sollten den synthetischen Perubalsam unbedingt meiden!

Tolubalsam, *Myroxylon balsamum*

Der Tolubalsambaum ist eng verwandt mit dem Perubalsam. Er wächst in den nördlichen Regionen Südamerikas und wurde schon früh kultiviert. Schon den Mayas und Azteken ist Tolubalsam als Räucherwerk und Heilmittel bekannt gewesen, in die »Alte Welt« gelangte er zeitgleich mit dem Perubalsam. Die Gewinnung des Harzes ist einfacher als die des Perubalsams. Wird die Baumrinde angeritzt, dann fließt der Saft reichlich heraus und kann in Gefäßen aufgefangen werden. Tolubalsam wurde über die kolumbianische Stadt Tolu verschifft. Auch der Tolubalsam war den Indianern heilig.

Sein Harz heilt Wunden und Verletzungen, hilft bei Hautleiden, mildert Erkältungskrankheiten, Husten und Asthma.

Tolubalsam wirkt gemütsaufhellend und aphrodisisch. Er kann Meditationen und Rituale unterstützen, wirkt beruhigend und tröstend und kann, abends verräuchert, den Schlaf vertiefen. Tolubalsam ist ebenfalls gut im Handel erhältlich (z.B. in Apotheken). Das Harz wird meist in Mischungen verwendet, weil es verschiedene Duftkomponenten harmonisch und wohltuend verbinden kann. Tolubalsam wird oft mit Fichtenharz gestreckt – auch hier lohnt die Suche nach reiner Qualität.

Verwendete Pflanzenteile:
Harz

Wirkung beim Räuchern:
Vertieft Meditation und Gebet; hellt die Stimmung auf, stimmt glücklich und zuversichtlich; tröstet, beruhigt, entspannt; fördert eine lustvolle Stimmung; hilft bei Erkältungskrankheiten, mildert Asthma; unterstützt bei Hautleiden

Duftnote:
Balsamisch, riecht nach Vanille, Zimt und ein wenig nach Hyazinthe

Benzoe, *Styrax tonkinensis, Styrax benzoin*

Das duftende Harz ist ebenfalls seit dem Altertum hoch

geschätzt und in zwei Qualitäten erhältlich: Siambenzoe und Sumatrabenzoe. Im Südosten Asiens ist Benzoe noch heute einer der wichtigsten Räucherstoffe überhaupt. Sie hat in der indischen Kultur eine lange Tradition und ist ein wichtiger Bestandteil der meisten Räucherstäbchen. Im antiken Ägypten gehörte Benzoe zu den traditionellen Räucherwerken zur Förderung der sinnlichen Liebe. In der frühen arabisch-moslemischen Kultur galt Benzoe als himmlischer Duft. Über den Handelsweg gelangte die Benzoe im 14. Jh. nach Europa und wurde ein hochgepriesenes Heilmittel. Im Kultus der christlichen Kirche war Benzoe Bestandteil des Salböls für die Letzte Ölung. Beide Benzoesorten sind im Fachhandel und in Apotheken erhältlich. Leider wird auch Benzoeharz oft mit minderwertigen Zutaten gestreckt.

Siambenzoe, *Styrax tonkinensis*

Der Baum wird auch süßer Asant genannt und gedeiht in Hinterindien und China. Bei Verletzungen der Rinde tropft ein gelblichweißes oder gelblichbraunes Harz vom Stamm. Der Duft der Siambenzoe gilt als besonders fein, deshalb ist der Räucherstoff entsprechend teuer. Das Harz ist auch ein sehr wirksames Heilmittel, es wird äußerlich angewendet bei Hautleiden, innerlich bei Gicht und anderen Erkrankungen des Harnapparats. Der Rauch ist keimtötend und desinfizierend, er löst Bronchialschleim, mildert trockenen Husten und hilft bei Asthma. Wegen der starken Rauchentwicklung beim Abbrennen empfiehlt sich, gerade bei Erkrankungen der Atemwege, die

Mischung mit anderen Räucherstoffen. Insgesamt entfaltet sich der Wohlgeruch der Benzoe besser, wenn sie mit anderen Stoffen kombiniert wird.

Verwendete Pflanzenteile:
Harz

Wirkung beim Räuchern:
Mildert Husten, unterstützt bei Erkältungskrankheiten, mildert Asthma; hilft bei Hautleiden; desinfizierend, keimtötend; regt an, stärkt die Energie; tröstet, hellt das Gemüt auf; stimmt glücklich und zuversichtlich

Duftnote:
Warm, weich, riecht süß und angenehm nach Vanille, leicht nach Kakao

Sumatrabenzoe, *Styrax benzoin*

Das graubraune Harz der Sumatrabenzoe stammt aus Sumatra und Java. Sumatrabenzoe gilt als weniger fein im Duft als die anderen Benzoearten und ist deshalb etwas günstiger im Preis. In Ägypten wurde der Duft des Rauches jedoch wegen seiner aphrodisischen Wirkung bevorzugt. Als Heilmittel wird Sumatrabenzoe ebenso eingesetzt wie Siambenzoe, sie ist allerdings etwas weniger wirksam. Auch der Duft ist verwandt, hat aber eine etwas andere Komponente und auch nicht genau dieselbe Wirkung.

Verwendete Pflanzenteile:
Harz

Wirkung beim Räuchern:
Mildert Husten, mildert Erkältungskrankheiten, unterstützt bei Asthma; hilft bei Hautleiden; tröstet, hellt das Gemüt auf; stimmt glücklich und zuversichtlich; entspannt, beruhigt; fördert eine lustvolle Stimmung

Duftnote:
Warm, sinnlich, süß, vanillig, riecht leicht nach Zimt

Copal, *Bursera, Protium*

Copal ist ein südamerikanischer, seit vielen Jahrhunderten hochgeschätzter Räucherstoff, der für kultische Rituale und als Heilmittel eingesetzt wurde und noch immer eingesetzt wird. Allerdings ist Copal auch ein Sammelbegriff für das Harz verschiedener Bäume und Pflanzen meistens südamerikanischen Ursprungs. Aber auch in Neuseeland gedeihen Copalarten. Im Handel ist Copal heute recht gut erhältlich und wegen seines unvergleichlichen Wohlgeruchs eine beliebte Zutat für Räuchermischungen. Meistens ist es aber schwierig oder gar unmöglich, herauszufinden, um welchen Copal es sich in einer Mischung handelt.

Copal, *Bursera santa*

Der eigentliche Copalbaum ist eine seltene, heilige Pflanze der Mayas. Die Gewinnung des Baumharzes ist recht aufwendig und wenig ergiebig. Das herausfließende Harz wird auch von Insekten sehr geschätzt, deshalb muß die Einschnittstelle am Baumstamm abgedeckt werden. Dieser Copal ist weiß. Wahrscheinlich ist er im Handel nicht erhältlich. Er wird noch heute von den Nachfahren der Mayas, z.B. auf der Halbinsel Yukatan, in besonderen Zeremonien geerntet und den alten Ritualen entsprechend eingesetzt.

Copal, Protiumarten

Diese Pflanzenart ist weiter verbreitet und ähnelt dem im Abendland bekannten Olibanum. Die Protiumarten gedeihen in ganz Südamerika und liefern unterschiedliches, aber stets sehr wohlriechendes Harz.

Als Heilmittel wurde Copal eingesetzt bei Zahnschmerzen und allen Arten von Verdauungsbeschwerden (von den schwersten Fällen, wie etwa bei der Amöbenruhr, bis hin zu leichten Magenverstimmungen). Copalräucherungen sollen schwierige Geburten vorantreiben, z.B. bei toten Föten.

Der echte Copal war bei den Mayas dem höchsten Gott geweiht und wurde ihm in Gottesdiensten geopfert. Das Harz wurde aber auch eingesetzt, um die Zukunft vorauszusehen oder andere außergewöhnliche, spirituelle Fähigkeiten zu unterstützen.

Im Handel sind drei Copalarten erhältlich, die nach ihrer Farbe klassifiziert werden, nicht nach der Pflanzenart.

Heller Copal

Verwendete Pflanzenteile:
Harz

Wirkung beim Räuchern:
Hellt das Gemüt auf, klärt die Gedanken; befreit von seelischem Druck; fördert eine leichte, gelöste Stimmung; (wehenfördernd)

Duftnote:
Zart, fruchtig, riecht leicht nach Zitrone, dem Weihrauch ähnlich

Vorsicht! Wahrscheinlich ist der helle, heute im Handel erhältliche Copal nicht der legendäre weiße Copal der Mayas, der eine stark wehenfördernde Wirkung hat. Allerdings wurde dazu auch der Unterleib der Frau beräuchert. Sicherheitshalber sollten schwangere Frauen den Rauch des hellen Copals meiden!

Gelber Copal

Verwendete Pflanzenteile:
Harz

Wirkung beim Räuchern:
Verstärkt die Wahrnehmung, öffnet die Sinne; regt Phan-

tasie und Kreativität an; fördert Imagination und erleichtert das Visualisieren; fördert eine leichte, gelöste Stimmung

Duftnote:
Fein, weich, warm, dem Weihrauch ähnlich

Dunkler Copal

Verwendete Pflanzenteile:
Harz

Wirkung beim Räuchern:
Verstärkt die Wahrnehmung, öffnet die Sinne; regt Phantasie und Kreativität an; fördert Imagination und erleichtert das Visualisieren; fördert eine leichte, gelöste Stimmung

Duftnote:
Schwer, geheimnisvoll, kräftig, dem Weihrauch ähnlich

Galbanum, *Ferula galbaniflua Boiss., Ferula grummosa Boiss.*

Galbanum oder Mutterharz ist schon in der mesopotamischen Kultlur ein bekanntes und geschätztes Räucherwerk. Es gibt zwei Sorten des Gewächses. Das sogenannte levantinische Galbanum, das vor allem seines Duftes wegen geschätzt wird und in der Parfumindustrie Verwendung findet, ist im Handel leider kaum erhältlich.

Das persische Galbanum gedeiht als wildwachsendes Doldengewächs vor allem im Iran, teilweise auch im Libanon. Zum Räuchern wird der eingetrocknete Milchsaft des unteren Stengelteils verwendet.

Galbanum ist botanisch eng verwandt mit Asa Foetida, auch Teufelsdreck oder Stinkasant genannt, der zwar ebenfalls verräuchert wird – aber eher wegen seiner magischen Wirkung, weniger wegen seines Wohlgeruchs. Aufgrund des Schwefelgehalts verströmt Asa Foetida beim Verräuchern einen unangenehmen Geruch. Der Räucherstoff soll, wie Galbanum auch, Dämonen und böse Geister vertreiben und wird heute noch als Gewürz und Heilmittel in der indischen Küche und Heilkunst geschätzt.

Im Altertum kannte man eine andere Art des Asa Foetida, die einen angenehmen Wohlgeruch verbreitete. Deshalb wird spekuliert, daß es sich bei dem in der Antike gerühmten Asa Foetida um das mittlerweile ausgestorbene Allheilkraut der Griechen, Sylphion, handeln könnte. Möglicherweise ist aber auch das angenehm duftende Galbanum oder Mutterharz gemeint.

Galbanumräucherungen wurden eingesetzt, um festsitzende Fehlgeburten oder tote Föten auszutreiben. Auch heute sollte eine schwangere Frau Mutterharz wegen der stark abtreibenden Wirkung unbedingt meiden! Innerlich eingenommen wurde Galbanum bei Zahnschmerzen, »Seitenschmerz« (Blinddarmentzündung) und rheumatischen Leiden. Galbanum mit Wein und Myrrhe gemischt, nannte Dioskurides ein wirksames Gegenmittel bei Vergiftungen. Der Rauch des Galbanums soll böse Geister und Dämonen vertreiben. Es wurde in der Gegenwart von Geisteskranken verräuchert, weil man im Altertum annahm, diese seien von bösen Dämonen besessen. Tatsächlich hat der Galbanumrauch eine tief beruhigende Wirkung, er löst Ängste und klärt die Gedanken.

In Mesopotamien und im antiken Ägypten war es aber auch ein sehr beliebtes Räucherwerk für den alltäglichen Gebrauch, und die Hebräer nahmen diese Gewohnheit während der babylonischen Gefangenschaft an. Galbanum war auch Bestandteil der Weihrauchmischung, die im Tempel ausschließlich für sakrale Zwecke verwendet wurde. Die Beimischung des Galbanumharzes zu einer kostbaren Räuchermischung hatte durchaus auch einen wirtschaftlichen Aspekt: Galbanum verlängert die Brenndauer einer Räuchermischung und intensiviert deren Wirkung. Gleichzeitig verbreitet das Harz selbst einen schweren, süßen, balsamischen Duft, der jede Mischung bereichert. Möglicherweise handelte es sich dabei um das levantinische Galbanum.

Im Mittelalter wurde Galbanum auch in Europa ein geschätztes Heilmittel. Wie in der Antike wurde der Rauch bei Zahnschmerzen und Gebärmutterleiden eingesetzt.

Galbanumharz ist nur im Fachhandel erhältlich. Allerdings ist es häufig Bestandteil vorgefertigter Räuchermischungen.

Verwendete Pflanzenteile:

Harz

Wirkung beim Räuchern:

Tief entspannend, löst Ängste, entkrampft; hellt die Stimmung auf, mildert psychische Leiden; vertreibt Dämonen und schlechte Stimmung; mildert Zahnschmerzen; erleichtert den Abgang einer Fehl- oder Totgeburt; intensiviert die anderen Inhaltsstoffe einer Räuchermischung

Duftnote:
Balsamisch, kräftig, würzig, an Fichtenharz erinnernder Waldweihrauch, süß, mit leicht bitterem und scharfem Unterton

Vorsicht! Schwangere Frauen sollten Galbanumrauch unbedingt meiden, er hat eine stark abtreibende Wirkung! Vorsicht auch bei fertig gekauften Räuchermischungen, wenn die Inhaltsstoffe nicht genau aufgelistet sind!

Guggul, *Comniphora mukul*

Guggul ist mit der in Nordafrika heimischen, seit dem Altertum hochgeschätzten Myrrhe botanisch eng verwandt und wurde bereits im 1. Jahrhundert unserer Zeitrechnung von Indien nach Griechenland exportiert. Plinius nannte Guggul Indica Murra, also indische Myrrhe. Der Baum erinnert in seinem Aussehen eher an die knorrigen Weihrauchbäume und gedeiht wildwachsend vor allem in Rajasthan (Indien) und Gujrat (Nordpakistan). Das kostbare Harz fließt aus, wenn die Rinde angeschnitten wird. Leider wird Guggul allmählich knapp, weil noch kein planmäßiger Anbau der Bäume stattfindet.

In seiner Wirkung ähnelt Guggul der Myrrhe. Der Duft des Harzes wird von manchen jedoch als angenehmer empfunden, weil er nicht so herb wie der Myrrheduft ist. Ein weiterer Name für Guggul ist Bdellium.

In Indien wird Guggul seit Jahrtausenden als kultisches Räucherharz und als Heilmittel hoch geschätzt und war auch als sakrale Opfergabe unentbehrlich. Der Räucherstoff sollte Gebet und Meditation vertiefen und die Aura des Menschen reinigen. In der ayurvedischen Medizin wird Guggulrauch bei Rheuma, Lungenerkrankungen und bei Erkrankungen der Gebärmutter eingesetzt. Besonders wirksam ist das Verräuchern des Harzes bei seelischen Erschöpfungszuständen, die sich nach langer Krankheit oder Überforderung einstellen. Innerlich wird Guggul als hochwirksames Mittel bei Polyarthritis und anderen rheumatischen Erkrankungen, als Umstimmungs- und Entschlackungsmittel und zur Verjüngung und Immunstärkung des Organismus eingesetzt.

Als Heilmittel ist Guggul im Westen noch wenig bekannt und in reiner Form auch nicht leicht zu erhalten. Nachfragen lohnt aber!

Verwendete Pflanzenteile:
Harz, Rindenstücke

Wirkung beim Räuchern:
Schafft eine andachtsvolle Stimmung, unterstützt Gebet und Meditation; reinigt die menschliche Aura; hellt die Stimmung auf, stärkt bei großer seelischer Erschöpfung; mildert Bronchien- und Lungenleiden, heilt die Gebärmutter; hilft bei rheumatischen Schmerzen und Entzündungen; für erholsamen, tiefen Schlaf

Duftnote:
Balsamisch süß, riecht leicht nach Vanille und Sahne, fein würzig und zart herb

Kalmus, *Acorus calamus,* deutscher Ingwer, Magenwurz

Der Kalmus ist eine Sumpfpflanze, die sich mittlerweile über die gesamte Erdkugel verbreitet hat. In Europa ist sie wildwachsend, aber eher selten anzutreffen. Schon im alten Mesopotamien ist der Kalmus als Räucherpflanze bekannt. Im Gilgamesch-Epos, der wahrscheinlich ältesten erhaltenen Dichtung unserer Menschheitsgeschichte, wird die Pflanze als Inhaltsstoff eines gottgefälligen Räucherwerks erwähnt, und im antiken Ägypten war sie ein wesentlicher Bestandteil der legendären Kyphi-Räuchermischung. Kalmus war im alten Ägypten auch eine Räucherpflanze für den Alltagsgebrauch – er wurde zur Desinfizierung und zur Reinigung der Raumluft verbrannt. Zusammen mit Zimt wurde Kalmus zu einer damals weltberühmten und überall begehrten Salbe verarbeitet, dem Ägyptium. In der griechischen und römischen Antike wurde Kalmus von Dioskurides als eine wichtige Heilpflanze katalogisiert, die als Mittel gegen Erkrankungen der Oberbauchorgane sowie bei Harnverhalt und Zahnfleischentzündungen zum Einsatz kam. Hier wie im alten Ägypten findet sich der Hinweis, daß der Rauch des Kalmus die männliche Potenz fördert, und in Italien heißt die Wurzel entsprechend »Erba di Venere«, Kraut der Venus.

Auch in Tibet hat der Kalmus eine lange Tradition als Räucherwerk. In einer medizinischen Zubereitung wird er als Nerventonikum verwendet, und auch als Räucherstäbchen schätzt man seine gedankenaufhellende Wirkung. Kalmusrauch soll die Wortfindung und Konzentration unterstützen und die Meditation fördern. In der traditionellen chinesischen Medizin gehört Kalmus zu den glückverheißenden Pflanzen und ist auch dort seit Jahrtausenden geschätzt. In diesem Zusammenhang ist sogar die Rede von einem Kalmuselixier, das ewiges Leben schenken soll – leider ist das Rezept dieses Elixiers nicht schriftlich überliefert worden.

Kalmus gehört zu den wichtigsten Heilpflanzen der ayurvedischen Medizin. Dort wird seine stärkende Wirkung auf Nervensystem, Bewußtsein und Gedächtnis erwähnt und ebenfalls die positive Wirkung auf die sexuelle Energie. Ein Pulver aus der gemahlenen Wurzel dient sogar als Wiederbelebungsmittel bei akuten Schockzuständen.

Die Kalmuswurzel gelangte erst mit den Tataren etwa im 13. Jahrhundert aus Asien nach Mitteleuropa. Vom 16. Jahrhundert an verbreitete sich die Pflanze allmählich und wurde gerne als Magenbitter oder zur Aromatisierung von Bier oder Branntwein verwendet, in Notzeiten wurde der gekochte Wurzelstock sogar gegessen. Allmählich aber geriet der Magenwurz oder deutsche Ingwer in Vergessenheit.

Verräuchert hat der Kalmus einen eher herben Duft, deshalb wird er gern mit anderen Zutaten vermischt. Im Ayurveda wird noch eine besondere Eigenschaft des Kalmus gelobt: Bei medizinisch stark wirksamen Räucherungen vermeidet Kalmus schädliche Nebenwirkungen.

Verwendete Pflanzenteile:
Der getrocknete, geraspelte Wurzelstock

Wirkung beim Räuchern:
Desinfiziert die Raumluft; nervenstärkend, hilft bei seelischer Erschöpfung; erhellt das Bewußtsein, fördert die Konzentration; klärt die Gedanken, macht wortgewandt; fördert die Potenz; gleicht die anderen Inhaltsstoffe einer Räuchermischung aus

Duftnote:
Herb, würzig, scharf, frisch, riecht leicht nach Zitrone und Zimt

Kampfer, *Cinnamonum camphora*

Der eindrucksvolle Kampferbaum ist in China, Japan und Indien heimisch und wird dort seit der Frühzeit der dortigen Kulturen als heiliger Baum verehrt, der jeweils dem höchsten Gott geweiht war. Der immergrüne, aromatisch duftende Baum kann bis zu 50 Meter hoch und bis zu 2000 Jahre alt werden. In Südostasien gibt es noch solche uralten Bäume, die meist an heiligen Plätzen stehen. Die Verehrung, die dem Kampferbaum entgegengebracht wird, erinnert an die kultische Bedeutung der Eiche bei Kelten und Germanen.

Kampfer läßt sich erst nach 25 Jahren Wachstum gewinnen. Dann wird das weiße Harz aus den Spalten des Baumstammes ausgeschwitzt. Speziell zur Kampferernte angebaute Bäume werden gefällt, wenn sie ungefähr 50 Jahre alt sind. Das Holz wird dann in einer komplizierten Prozedur erwärmt und ausgekocht, bis der begehrte Kampfer an die Oberfläche der abgekühlten Flüssigkeit steigt. Zu Marco Polos Zeiten war Kampfer in Asien ebenso wertvoll wie Gold. Als Heilmittel wird das Harz sowohl in der traditionellen chinesischen Medizin wie auch in der ayurvedischen Heilkunde gleichermaßen hoch geschätzt. Kampfer heilt Augenleiden, hilft bei Schwächezuständen, Hautausschlag, Lungen- und Bronchialleiden, Kopf- und Zahnschmerzen bis hin zu schwersten Erkrankungen des Kopfes, er klärt und erhellt das Bewußtsein. Auch zur Schmerzlinderung bei rheumatischen Erkrankungen und zur Wundheilung wurde und wird Kampfer eingesetzt. Entscheidend ist bei Kampfer, wie bei allen wirksamen Medikamenten, die Dosierung durch einen erfahrenen Therapeuten, denn wird er in zu großer Menge innerlich eingenommen, können Lähmungserscheinungen auftreten.

Die Verwendung von Kampfer als Räucherstoff ist durch archäologische Funde in Asien seit der Vorgeschichte der Menschheit belegt. Kampfer vertreibt in einzigartiger Weise negative spirituelle Einflüsse und Schwingungen. Auf das Nervensystem des Menschen übt er entweder eine beruhigende oder eine anregende Wirkung aus, je nachdem, was der einzelnen Person zuträglich ist! Das Denken wird klar, hell und positiv, und die Meditation vertieft sich bei vollem Bewußtsein in unvergleichlicher Weise. Deshalb wird Kampfer bis heute gern in buddhistischen Klöstern verräuchert. Kampferrauch dämpft das sexuelle Verlangen, eine Wirkung, die auch in der arabisch-muslimischen Welt von Sufis geschätzt wurde.

Im Abendland war Kampfer seit dem 11. Jahrhundert bekannt, und Hildegard von Bingen beschrieb ihn als ein Mittel, das dabei hilft, »gesünder als gesund« zu werden. Allerdings war Kampfer schwer zu beschaffen und sehr teuer, so daß er sich als Volksheilmittel nicht durchsetzte.

Daran hat sich bis heute nicht viel geändert. Echter, also natürlicher Kampfer ist nur im Fachhandel erhältlich, und auch dann empfiehlt sich detailliertes Nachfragen. In Apotheken wird fast ausschließlich synthetisch hergestellter Kampfer angeboten, der zwar preisgünstig, aber in seiner Wirkung nicht mit dem Naturprodukt zu vergleichen ist.

Verwendete Pflanzenteile:
Harz

Wirkung beim Räuchern:
Hilft bei Lungen- und Bronchialleiden; desinfiziert die Raumluft; vertreibt negative spirituelle Einflüsse, neutralisiert jede negative Schwingung; nervenstärkend, beruhigt oder entspannt, je nach Bedarf; erhellt das Bewußtsein, fördert die Konzentration; klärt die Gedanken, stimmt positiv; vertieft die Meditation bei vollem Bewußtsein; dämpft das sexuelle Verlangen

Duftnote:
Unvergleichlich frisch und scharf, riecht ein wenig nach Eukalyptus und Pfefferminze

Koriander, *Coriandrum sativum*

Koriander ist in Indien heimisch und wird dort schon früh als wichtiges Heilmittel der ayurvedischen Medizin erwähnt. Dort wird dem Koriander die Fähigkeit, den gesamten Organismus in der gewünschten Weise umzustimmen, zugeordnet. Auch aus der indischen Küche ist Koriander als Gewürz nicht wegzudenken. Im antiken China wurde Koriander ebenfalls als einzigartige Pflanze geschätzt. Verbunden mit den richtigen spirituellen Ritualen (die uns leider nicht überliefert sind), sollten die Samen die in jedem Menschen innewohnende Kraft, unsterblich zu werden, wecken.

Über die antiken Handelswege gelangte Koriander nach Ägypten, wo es in großen Mengen angebaut wurde und sich schließlich auch wild verbreitete. Koriander ist Bestandteil der legendären Kyphi-Räuchermischung der Ägypter, die in jedem gepflegten Haushalt verwendet wurde. Die Ägypter verräucherten die Samen auch zur Schmerzlinderung und legten sie den Toten als unverzichtbare Beigabe mit ins Grab.

Von Ägypten aus wurde Koriander nach Kreta vertrieben, und archäologische Funde beweisen, daß die Minoer Koriander in jedem Haushalt in kleinen Kultnischen oder auf Altären verräucherten. Die Hebräer nahmen das Wissen um den Koriander, und vermutlich auch die Samen, bei ihrem Auszug aus Ägypten mit. In der Bibel wird das Manna mit Koriander verglichen.

Arabische Händler verbreiteten die Körner schließlich in die gesamte damalige Welt. Aus den Märchen von Tausendundeiner Nacht wissen wir, daß Koriander als Aphrodisiakum eingesetzt wurde, aber die schmerzlindernde und beruhigende Wirkung wird auch von arabischen Ärzten erwähnt. Im antiken Griechenland galt Korianderrauch als wirksames Mittel gegen chronische Kopfschmerzen, Depressionen und nervöse Erregung. Außerdem waren im alten Rom Koriandersamen eine wesentliche Zutat für Liebestränke.

Etwa im 14. Jahrhundert wird Korianderrauch auch im Abendland als wichtiges Heilmittel verwendet. Zu dieser Zeit verbreitete sich das Mutterkorn in den Roggenfeldern. Wurde es mit dem Getreide verzehrt, entstanden Angst- und Wahnvorstellungen, ähnlich den »Horrortrips« beim LSD-Rausch. Mit großen Korianderräucherungen, den sogenannten Antoniusfeuern, gelang es, die tobenden und wahnsinnigen Patienten zu beruhigen.

Koriandersamen sind als Küchengewürz in guter Qualität erhältlich. Neben der beschriebenen Wirkung auf das menschliche Bewußtsein reinigt Korianderrauch in einzigartiger Weise die geistige Atmosphäre und eignet sich vorzüglich dazu, ein Gebäude, das unter negativen spirituellen Einflüssen steht, davon zu befreien.

Verwendete Pflanzenteile:
Samen

Wirkung beim Räuchern:
Vertreibt negative spirituelle Einflüsse aus Gebäuden; verbessert die geistige Atmosphäre; nervenstärkend, schmerzlindernd, besonders bei Schmerzen im Kopf; tröstet bei Niedergeschlagenheit; hilft bei Wahnvorstellungen; fördert das sexuelle Verlangen

Duftnote:
Fein würzig, süß, warm

Myrrhe, *Commiphora abyssinica*

Der Myrrhebaum liebt trockene, karge Standorte in mittleren Höhenlagen. Der strauchartige Baum kann bis zu zehn Metern hoch werden, die knorrigen Äste sind mit starken Dornen besetzt, und weder das schüttere Laub noch die kleinen Früchte sind besonders beeindruckend. Wird der Stamm eingeritzt, fließt das leicht bittere Harz aus. Myrrhe war im Altertum das kostbarste und teuerste Räucherharz überhaupt – es wurde dem Weihrauch vorgezogen. In einer besonders konzentrierten Form, der Stakte, war Myrrhenharz teurer als Gold. Myrrhebäume gediehen unter ähnlichen Bedingungen wie der Weihrauch, und tatsächlich hatte es für die Menschen des Altertums eine magische Bewandtnis mit Weihrauch und Myrrhe: Weihrauch repräsentierte das Männliche und Myrrhe das Weibliche, die Erdgöttin. Deshalb war eine Mischung der beiden Harze, sozusagen als mystische Hochzeit, höchsten Ritualen vorbehalten. Die drei Weisen aus dem Morgenland brachten dem neugeborenen Jesus Gold, Weihrauch und Myrrhe und schenkten ihm so nicht nur das Kostbarste, was es zu jener Zeit gab. Denn Gold symbolisierte den Geist, Myrrhe stand für das weibliche und Weihrauch für das männliche Element – deshalb entsprach die Gabe der esoterischen Bedeutung des vollständigen und sich zum Geistigen hin entwikkelnden Menschen.

»Wer an diesem Wohlgeruch teilnimmt, der ist dem Tode entronnen und nimmt am ewigen Leben der Götter teil«, so wird in der ägyptischen Mythologie der Duft der Myrrhe beschrieben. Bei dem komplizierten Prozeß der Mumifizierung spielte die Myrrhe eine wichtige Rolle. Die Leiche wurde mit einem Harz- und Kräutergemisch gefüllt, und Myrrhe war dabei ein entscheidender Bestandteil, der den Toten »ewig« erhalten sollte.

Myrrhe war für kultische Zwecke unentbehrlich, in allen Kulturen des Altertums wurde es den mächtigen und beliebten Göttinnen, aber auch den höchsten Göttern geopfert und diente als Räucherung für die Einweihung in die weiblichen Mysterien. Auch als Heilmittel wurde Myrrheharz eingesetzt. Es beruhigte bei nervöser Erregung, erdete und schenkte einen tiefen Schlaf. Äußerlich angewendet, förderte es die Wundheilung und half bei Hautausschlag. Medizinische Myrrheräucherungen sollten Krankenzimmer desinfizieren und Lungen- und Bronchialleiden lindern. Ein Myrrhetrank wurde den zum Tode Verurteilten gereicht, weil er eine betäubende Wirkung hatte und dem Unglücklichen so die kommenden Qualen erleichtern sollte.

Im Mittelalter wurde Myrrhe zu Pillen verarbeitet, die gegen die Pest helfen sollten, und Hildegard von Bingen erwähnt die Myrrhe als fiebersenkendes Mittel. Der deutsche Arzt Lonicerus beschrieb den Myrrherauch als ein »hirnstärkendes« Mittel und empfiehlt unfruchtbaren Frauen, den Unterleib damit zu beräuchern, damit sie empfangen können. In der ayurvedischen Medizin ist Myrrhe ebenfalls bekannt, und ihre Heilwirkung wird mit der des hochgeschätzten Guggul gleichgesetzt. Neuere Forschungen der Naturheilkunde entdeckten noch weitere Heilkräfte. Myrrhe kann den Verdauungstrakt von Hefepilzen befreien, ohne die Darmflora zu zerstören, und ist als tumorhemmendes Mittel im Gespräch.

Aber Myrrhe war auch der Duft der liebenden Frauen: Die Ägypterinnen verwendeten Myrrherauch, um sich auf die sinnliche Liebe einzustimmen. Hebräische Bräute (die es sich leisten konnten) rieben sich in dem Jahr vor ihrer Hochzeit täglich mit Myrrheöl ein, und die Reinigungsriten nach Menstruation und Geburt schrieben ebenfalls einen ausgiebigen Gebrauch der Myrrhe vor.

Zu Beginn der christlichen Zeit wurden in den Kirchen Myrrhe und Weihrauch noch zu gleichen Teilen verräuchert, dann aber verdrängte der Weihrauch zunehmend die Myrrhe. Entsprechend unserer Kultur, welche die weibliche Spiritualität und Sinnlichkeit zurückdrängte und nicht mehr verstand, wurde der Myrrhenduft im Westen als bitter empfunden. Es heißt sogar, das Myrrheharz stimme traurig. Wenn wir den Duft der Myrrhe aber als machtvollen Aufruf der Mutter Erde annehmen, die weiblichen Mysterien wiederzuerwecken, könnte eine gänzlich neue Kraft daraus entstehen.

Verwendete Pflanzenteile:
Harz

Wirkung beim Räuchern:
Erdet, beruhigt, fördert den tiefen Schlaf; hilft bei Lungen- und Bronchienleiden, reinigt die Haut; schmerzlindernd; stärkt die weibliche Spiritualität und Sinnlichkeit; fördert das sexuelle Verlangen bei Frauen

Duftnote:
Unvergleichlich würzig, warm, erdig, leicht bitter, balsamisch

Nelke, *Syzygium aromaticum*

Die Gewürznelke ist nicht mit der Blume gleichen Namens verwandt. Sie ist die Frucht eines bis zu zehn Meter hohen, immergrünen Baumes, der ursprünglich auf den Molukken und Philippinen wuchs, mittlerweile aber im gesamten asiatischen Raum verbreitet ist. Die Nelke wird in Asien »Blume der Götter« genannt und ist ein seit Jahrhunderten hochgeschätztes Heilmittel, Gewürz und Räucherwerk.

Im antiken China war die Nelke als Lebermedikament und als Mittel gegen Zahnschmerzen bekannt. Bei Hofe wurden die kleinen, scharf schmeckenden Früchte aber vor allem deshalb gerne gekaut, weil sie, selbst bei exzessivem Weingenuß, den Rausch mäßigen und den »Kater« mildern. Als Räucherwerk war den Chinesen die Gewürznelke besonders wichtig, weil sie böse Geister vertreibt, die Gedanken des Menschen positiv stimmt und Phantasie und Kreativität anregt. Als Schutzräucherung hat sich die Nelkenfrucht über die gesamte Erde verbreitet, von Indien bis Südamerika. Ebenfalls geschätzt war der Gebrauch als Aphrodisiakum, und es heißt sogar, der Nelkenweihrauch ziehe Wohlstand an – kein Wunder, wenn er die Gedanken des Menschen positiv stimmt und negative Einflüsse vertreibt!

Aus Asien gelangte das wertvolle Gewürz früh in die

Alte Welt. Schon die antiken Ägypter kannten die Nelke, und Plinius erwähnte sie in seinen Schriften als ein indisches »pfefferähnliches« Korn.

Obwohl die Gewürznelke im europäischen Abendland erst durch Marco Polo wirklich bekannt wurde, erwähnt bereits Hildegard von Bingen sie als wirksames Mittel gegen Kopfschmerzen, die taub machen – also den heute weitverbreiteten Tinnitus. Hildegard empfiehlt, Nelken häufig zu kauen, um dieses Brummen im Kopf zu lindern.

Als der Gewürzhandel ab dem 14. Jahrhundert auch asiatische Waren wieder in großem Ausmaß ins Abendland brachte, wurde die Nelke, ebenso wie Pfeffer und Muskat, mit Gold aufgewogen. Die Nelke ist übrigens auch eine wichtige Zutat für die schon damals geschätzten Nürnberger Lebkuchen.

Die Gewürznelke ist in guter Qualität als Küchengewürz erhältlich.

Verwendete Pflanzenteile:
Früchte, getrocknet und gemahlen

Wirkung beim Räuchern:
Vertreibt Insekten; lindert Kopf- und Zahnschmerzen; vertreibt negative spirituelle Einflüsse; stimmt die Gedanken des Menschen positiv; regt Phantasie und Kreativität an; fördert die sexuelle Lust

Duftnote:
Riecht intensiv nach Nelke, leicht herb, ein wenig nach Orangenschale

Opoponax, *Commiphora erythrea*

Opoponax wird auch Bisabol-Myrrhe oder süße Myrrhe genannt und gehört botanisch zu den Balsambaumgewächsen. Es gedeiht in Afrika, vor allem in Somalia. Dort ist Opoponax als Heilmittel und Räucherwerk traditionell bekannt. Es wurde bereits im Altertum nach Griechenland exportiert und war auch dort als Heilpflanze bekannt. Allerdings gab es eine weitere Pflanze, die Opoponax (Panakes Cheironion) genannt wurde; da diese sich aber nicht zum Räuchern eignet, ist eine Verwechslung ausgeschlossen.

Die süße Myrrhe spielte in Afrika eine bedeutende Rolle in der Frauenheilkunde. Sie wurde als Desinfektionsmittel verwendet und die Räucherung mit süßer Myrrhe galt bei und nach einer Entbindung und nach der rituellen Beschneidung der jungen Mädchen als Wundermittel. Allgemein wirkt das Harz, in einer Zubereitung äußerlich aufgetragen, desinfizierend und wundheilend.

Als Räucherharz wirkt es schützend gegen negative spirituelle Einflüsse, es schärft die sinnliche Wahrnehmung, die Konzentration und die Gedankenklarheit. Es hat eine leicht euphorisierende Wirkung und unterstützt die Meditation.

Der Duft ist leichter und süßlicher als der der echten Myrrhe. Ähnlich wie Aloeholz kann auch Opoponax in immer neuen Varianten duften: nach Wald, Pergament, Rotwein oder Vanille. Das Harz ist nicht sehr haltbar, es verliert bei längerer Lagerung an Duftkraft.

Verwendete Pflanzenteile:
Harz

Wirkung beim Räuchern:
Desinfiziert; vertreibt negative spirituelle Einflüsse; hebt die Stimmung; schärft die sinnliche Wahrnehmung, steigert die gedankliche Konzentration; unterstützt die Meditation

Duftnote:
Balsamisch-süßlich, mit wechselnden Duftnoten

Sandelholz, weiß, *Santalum album*

Sandelholz könnte der Duft Indiens genannt werden. Als Heilmittel und Räucherwerk, als Parfum und Bauholz begleitet der Sandelholzbaum das gesamte Leben der Inder, von der Zeugung bis zum Übergang in die geistige Welt. Eine Räucherung mit Sandelholz wird angefacht, um Lust und Liebe zu befeuern, und am liebsten würde jeder Inder nach seinem Tod auf einem Scheiterhaufen aus Sandelholz verbrannt werden – das ist allerdings für die meisten zu kostspielig. Dabei ist der Wunderbaum eigentlich ein Parasit, der ohne Wirtspflanze gar nicht gedeihen kann. Mit dem Wurzelwerk einer Palme oder eines Teakbaums verbunden, kann der Sandelholzbaum bis zu zehn Meter hoch werden. Das ätherische Öl bildet sich im Holz erst nach 25 Jahren, nach 30 bis 60 Jahren kann dann das Holz abgetragen werden. Der echte Sandelholzbaum gedeiht ausschließlich in Ostindien. Alle Versuche, ihn anderswo anzupflanzen, haben bisher zu einem minderwertigeren Holz geführt. Mittlerweile wird der Sandelholzhandel von der Regierung überwacht, denn auch dieser seit Jahrtausenden hochgeschätzte und verehrte Baum droht durch Raubbau auszusterben. Deshalb ist reines Sandelholz teuer und nicht immer leicht erhältlich. Allerdings gibt es eine andere Baumart (Amyris balsamifera), die ebenfalls Sandelholz genannt wird, aber es ist nur ihr Duft, der an das echte Sandelholz erinnert, zu verwechseln sind die Qualitäten nicht. In der ayurvedischen Medizin ist das Sandelholz als Heilmittel hoch geschätzt – innerlich bei Erkrankungen der Atemwege und des Harntraktes, äußerlich bei Hautausschlag und Entzündungen. Ein Umschlag mit Sandelholzbrei und Rosenwasser wird zur Linderung bei Skorpionstichen und Schlangenbissen aufgelegt. Auch das Räucherwerk wird bei Kopfschmerzen, seelischer Erschöpfung und für die Folgen übermäßiger Kopfarbeit eingesetzt. Eine Sandelholzräucherung entspannt, fördert die innere Ruhe und Einkehr und scheint damit als Räucherwerk für die hektischen Menschen der westlichen Welt geradezu geeignet zu sein. Das Sandelholz gelangte erst im 15. Jahrhundert nach Europa und verbreitete sich auch dann nur zögernd. Den antiken Ägyptern aber war das Sandelholz bereits bekannt – als seltene Grabbeigabe wurde die kostbare Importware in Mumienverbänden gefunden.

Der Sandelholzduft war den Indern auch zur Stimulierung der sexuellen Liebe unentbehrlich. Seit dem Altertum gilt eine Räucherung aus Sandelholz, oder Sandelholzöl äußerlich aufgetragen, als potenzsteigerndes Mittel, sollte aber auch die Damenwelt auf einen erfüllten Liebesakt einstimmen, der im Weltbild des Hinduismus Teil einer harmonischen und gesunden Lebensführung sein sollte.

Allerdings räucherten auch die indischen Mönche mit Sandelholz, um der Seele die Abwendung von allen egoistischen Neigungen zu erleichtern. Eine Sandelholzräucherung dient dem Menschen offenbar in allen Lebenslagen und ist tatsächlich ein Erlebnis, das sich jeder, der sich für die Welt der feinen Düfte interessiert, einmal gönnen sollte. In unzähligen fertigen Räuchermischungen ist ein Anteil weißen Sandelholzes enthalten. Räucherstäbchen scheinen eine Erfindung Indiens zu sein, und Sandelholz war ihr wesentlicher, oft ihr einziger Bestandteil. Der zuweilen als penetrant empfundene Sandelholzgeruch geht auf ein synthetisch hergestelltes ätherisches Öl zurück, das mit dem natürlichen Sandelholz nicht zu vergleichen ist.

Verwendete Pflanzenteile:
Holz

Wirkung beim Räuchern:
Vertreibt negative spirituelle Einflüsse; stimmt positiv und heiter; entspannt und kräftigt die Seele; gleicht aus bei Streß und Nervosität; unterstützt die Meditation; fördert die sexuelle Lust und steigert die Potenz

Duftnote:
Unverwechselbar orientalisch, samtig weich, leicht süßlich, sehr aromatisch

Sandelholz, rot, *Pterocarpus santalinus*

Der rote Sandelholzbaum ist botanisch mit dem weißen nicht verwandt. Allerdings wächst auch er in Indien. Der Begriff »rotes Sandelholz« stammt aus dem Sanskrit. Zwar werden in der indischen Tradition die Eigenschaften des roten Sandelholzes ebenfalls gelobt, es ist aber – bis auf die kräftige Farbe – in allen Eigenschaften schwächer als das weiße Sandelholz. Eine Paste aus dem Holzmehl wird zur Milderung von Kopfschmerzen aufgetragen.

Wegen seiner attraktiven roten Farbe und des angenehmen Duftes wurde es schon früh über die »Seidenstraße« exportiert. Die antiken Hebräer schätzten die kostbare rote Importware und verwendeten sie neben dem Holz der Libanonzeder für Sakralbauten und Ritualgegenstände.

Der Farbstoff des roten Sandelholzes wird auch zum Färben von Textilien eingesetzt, und ein wenig geraspeltes, rotes Sandelholz wertet jede Räuchermischung optisch auf. Es wird gerne in Mischungen verarbeitet und leider, obwohl es weniger teuer ist als das weiße Sandelholz, auch oft durch rotgefärbte, synthetisch aromatisierte Holzspäne ersetzt. Der Duft des roten Sandelholzes beim Verräuchern ist angenehm, aber weitaus weniger fein und facettenreich als der des echten, weißen Sandelholzes.

Verwendete Pflanzenteile:
Holz

Wirkung beim Räuchern:
Verbessert die Stimmung; wirkt in einer Räuchermischung harmonisierend; entspannt und löst; fördert die sexuelle Lust

Duftnote:
Aromatischer Holzduft, warm, würzig, leicht süßlich, erinnert ein wenig an weißes Sandelholz

Steppenbeifuß, *Artemisia californica, Artemisia tridentata*

Steppenbeifuß, auch Wüstenbeifuß oder weißer Salbei genannt, ist eine der wichtigsten Räucher- und Heilpflanzen der nordamerikanischen Indianer. Der Name White Sage hat schon einige Verwirrung gestiftet, denn tatsächlich ist der weiße Salbei nicht mit dem uns bekannten Salbei verwandt, sondern mit dem seit der Frühzeit der Menschheitsgeschichte bekannten und geschätzten Beifuß. Wahrscheinlich brachten die Indianer der Frühzeit den Beifuß mit, als sie vor circa 30.000 Jahren aus Asien in die Neue Welt einwanderten. Durch die dortigen klimatischen Bedingungen hat sich der Beifuß zu einem andersartigen, aber ebenso hochwirksamen Heilkraut und Räucherwerk entwickelt. Nach einer Sage der Lakota ist der Steppenbeifuß ein Geschenk der weißen Büffelfrau an die Menschenfrauen, die das Kraut dann bei Menstruationsbeschwerden, zur Wundheilung und in Schwitzhüttenritualen verwendeten. Ein anderer Indianerstamm spricht von zwei Sorten »Salbei«: dem

Männer- und dem Frauensalbei, die bei geschlechtsspezifischen Erkrankungen angewendet werden. Die desinfizierenden und antiseptischen Eigenschaften des Wüstenbeifußes werden durch direktes Auflegen auf die Wunde und durch Verbände genutzt oder zur Behandlung rheumatisch erkrankter Gelenke. Innerlich angewendet wird der Steppenbeifuß als Heiltee und als Inhalation bei Erkrankungen der Lunge.

Aber als Räucherwerk hat der Steppenbeifuß für die Indianer die größte Macht. Keine wichtige Zeremonie wird ohne Beifußräucherung ausgeführt, denn der Rauch verbindet Mutter Erde wieder mit dem Großen Geist, er verhilft dem Menschen zur spirituellen Reinigung, zu klaren Visionen und stärkt Körper und Geist.

Der echte indianische Steppenbeifuß ist in Europa leider nur schwer zu bekommen. Er läßt sich gut und ohne lange Vorbereitung verräuchern: in getrockneten Büscheln zu einfachen Räucherstäbchen gedreht. Nachfragen lohnt, denn eine Räucherung mit Steppenbeifuß ist auch für den Europäer eine eindrucksvolle Erfahrung.

Verwendete Pflanzenteile:
Getrocknete Blätter und Zweige

Wirkung beim Räuchern:
Mildert Lungen- und Bronchialleiden, lindert rheumatische Schmerzen; vertreibt Insekten, desinfiziert die Raumluft; verbindet Himmel und Erde; vertreibt negative spirituelle Einflüsse; stärkt die körperliche und geistige Einheit des Menschen, tröstet die Seele; hilft, »zu sich zu kommen«

Duftnote:
Klar, stark, rein, leicht bitter-süß

Weihrauch, Olibanum, *Boswellia sacra, Boswellia serrata*

Weihrauch ist so legendär, daß er zum Überbegriff für gutes Räucherwerk schlechthin wurde. Gold, Weihrauch und Myrrhe – diese scheinbar untrennbar miteinander verbundenen Güter führen in das geheimnisvolle Reich der Sabäer, denen es vor fast 4000 Jahren gelang, einen blühenden Welthandel mit Weihrauch und Myrrheharz zu etablieren. Nur in jener entfernten Wüstenregion gedeihen die beiden Bäume, deren Harz zum begehrtesten Handelsgut der antiken Zivilisationen gehörte. Mit einem speziellen Messer werden von alters her die Weihrauchbäume angeritzt, und im Lauf der folgenden Monate tritt eine erste und eine zweite Harzqualität aus den Stammwunden aus. Erst der dritte Harzfluß ist das kostbare Weihrauchharz, das gesammelt und getrocknet wird. Durch mehrere tausend Kilometer Wüste trugen Kamele die kostbare Fracht. Die Weihrauchstraße, jene weltberühmte, antike Handelsstraße, vereinte sich an einem Punkt mit der Seidenstraße, so daß die wertvollsten Handelsgüter der alten Welt irgendwann wie eine Fata Morgana aus der Wüste »auftauchten«. Tatsächlich war die Herkunft der Weihrauch- und Myrrheharze über Jahrtausende ein wohlgehütetes Geheimnis. Aus dem Nebel der antiken Verschleierungstaktik verdichtet sich wie eine Legende der Name der schönen, klugen und weisen Herrscherin Belakis, der Königin von Saba. Unter Belakis' Herrschaft wurde der Staudamm von Marib, der Hauptstadt des Reiches, gebaut, der das gesamte Jahr über das Land bewässerte und in eine blühende Oase verwandelte. Dieser Staudamm gehörte zu den sieben Weltwundern des Altertums. Er wurde im Jahre 24 nach Christus vom Heer des Kaisers Augustus aus Zorn darüber zerstört, daß sich die sagenhafte Stadt Marib nicht hatte erobern lassen. Aber das kam sehr viel später.

Zunächst machte sich Belakis auf eine diplomatische Reise in das aufstrebende und machtvolle Reich der Hebräer. Mit bezaubernden Düften, ihrer Klugheit und Schönheit machte sie sich Salomo zum Verbündeten – und mehr noch. Ihr widmete der biblische Dichter und Sänger eines der berühmtesten Liebesgedichte der Welt: das Hohelied der Liebe. Die Liebe der einander ebenbürtigen, klugen und gebildeten Menschen, welche die Geschicke ihres Landes mit Erfolg und Weitblick lenkten, mündete in einer tiefen und leidenschaftlichen Beziehung, die für die Nachwelt vom geheimnisvollen Duft des Weihrauchs und der Myrrhe umweht bleibt.

Und die Weihrauchstraße blieb weitere Jahrhunderte lang in der Hand des Königreichs Saba. Schließlich geriet die Herkunft des Weihrauchs und der Myrrhe in Vergessenheit, so daß sich viele geheimnisvolle Legenden um die Bäume rankten, die noch nie jemand zu Gesicht bekommen hatte. Das Reich der Sabäer blieb bis zu jenem Tag reich und glücklich, als das Heer des Augustus aufmarschierte und den berühmten Staudamm zerstörte.

Weihrauch war dem männlichen Prinzip zugeordnet, Myrrhe dem weiblichen. Tatsächlich war in der Antike die

Myrrhe deutlich beliebter und geschätzter als der Weihrauch. Myrrhe war teurer als Gold, Weihrauch wurde mit Gold aufgewogen. In der jüdischen Religion – der ersten ausgeprägt patriarchalen Religion unserer Geschichte – erlangte der Weihrauch die sakrale Bedeutung, die er bis heute hat. Weihrauch durfte dort ausschließlich zu rituellen Zwecken im Tempel verräuchert werden, und bis heute kommt Weihrauch auch bei katholischen Gottesdiensten zum Einsatz.

Aber bis dahin war es ein langer Weg. In allen Kulturen wurde der Weihrauch wegen seiner Heilkraft, seines unvergleichlichen Duftes und seiner aphrodisierenden Wirkung geschätzt. Der Weihrauch gelangte auch in das Land der Kelten, die ihn gerne mit ihrem zwar hochwirksamen, aber häufig eher duftarmen Räucherwerk mischten.

Weihrauch wurde innerlich als Antirheumatikum eingesetzt – und als solches erlebt er berechtigterweise eine Renaissance in der Naturheilkunde. Er wirkt gegen die Schmerzen und gegen die Entzündung der Gelenke. Äußerlich wurde Weihrauch bei Augenleiden verwendet. Die schwarze Augenumrandung der Ägypter, die das Auge vor Licht, Staub und einer damals sehr verbreiteten Augenentzündung schützen sollte, bestand im wesentlichen aus Weihrauchharz. In der traditionellen chinesischen Medizin wird Weihrauch auch bei schweren Hauterkrankungen eingenommen.

Der Rauch wirkt stark desinfizierend – das ist ein weiterer Grund, warum man ihn gerne in Tempeln und Kirchen verbrannte. Er mildert und heilt entzündliche Gelenkerkrankungen, er entkrampft und erhellt die Stimmung. Vor allem in der arabischen Tradition wird Weihrauch mit Vorliebe zur Steigerung der sexuellen Lust eingesetzt. Allerdings gibt es kaum einen Lebensbereich, der nicht durch den balsamischen Duft des Weihrauchs eine Bereicherung erfahren könnte. Weihrauch verbessert den Schall und trägt die menschliche Stimme – ebenfalls eine Qualität, die ihn unentbehrlich für rituelle Kulthandlungen macht, denn Gesang und Gebet des Geistlichen sind dadurch besser zu hören.

Da das Harz sehr teuer war, wurden auch Holzsplitter und die Abfallprodukte, das »Weihrauchmanna«, verkauft, obwohl es deutlich weniger Duftkraft hat. Außerdem wurden von jeher billigere Räucherharze mit Weihrauch gestreckt. Deshalb wird und wurde der Kirchenweihrauch oft als unangenehm oder gar kopfschmerzauslösend erlebt. Echter, reiner Weihrauch vertreibt Schmerzen und löst sie nicht aus! Auch heute ist echter Weihrauch in guter Qualität keine Billigware. Meistens wird eine Mischung verschiedener Harze unter dem Namen Weihrauch angeboten – wie immer hilft hier nur detailliertes Nachfragen und ein vertrauenswürdiger Händler.

Der indische Weihrauch gilt als ein wenig schwächer in der Wirkung als der afrikanische, wird aber genauso verwendet. Weihrauch wird in Indien wie die indische Myrrhe häufig Guggul genannt, was zu einiger Verwirrung führen kann.

Verwendete Pflanzenteile:
Harz – es sollte hell und klar sein!

Wirkung beim Räuchern:
Lindert rheumatische und andere Schmerzen; desinfiziert die Raumluft, vertreibt Ungeziefer; hebt die Stimmung, verbreitet eine angenehme Atmosphäre; schärft die sinnliche Wahrnehmung, klärt die Gedanken; vertieft Meditation und Gebet; fördert die sexuelle Lust

Duftnote:
Leicht süß, schwer, edel, feierlich, eben unvergleichlicher Weihrauchduft!

Zeder, *Cedrus libani*

Die prächtige Libanonzeder, die schon im Alten Testament besungen wird, ist ein stattlicher Baum, der tausend Jahre alt werden kann. Einst bedeckten dichte Wälder das »Zederngebirge« in der Nähe der heutigen Stadt Ugarit im Libanon. Schon in der mesopotamischen Urkultur galt die Zeder als heilig – Harz und Holz waren unentbehrliche Bestandteile des religiösen Lebens. Tempel, Kultgegenstände und Särge wurden aus dem duftenden Holz hergestellt, weil es als unvergänglich galt. Im täglichen Leben des alten Mesopotamiens wurde die Libanonzeder ständig verräuchert, in unzähligen kleinen Ritualen, die magisch reinigen und vor schädlichen Einflüssen bewahren sollten. Im antiken Ägypten war die Libanonzeder ebenfalls ein heiliger Baum, denn er galt als Zufluchtsort des verstorbenen höchsten Gottes Osiris. Entsprechend war das Zedernöl ein unentbehrliches Mittel bei der Mumifizierung. Diese Technik kannten auch die frühen Kelten auf dem abendländischen Festland. Auch ihnen war die Zeder heilig, und sie verwendeten Zedernöl, um die abgeschlagenen Köpfe ihrer Feinde zu konservieren. Als Räucherung setzten sie das Holz der Libanonzeder zur Förderung von Hellsichtigkeit und von Wahrträumen ein.

Salomos Tempel war komplett mit dem kostbaren Holz ausgekleidet, und auch Römer und Griechen des Altertums schätzten das »heilige« Holz der Libanonzeder. Von Dioskurides erfahren wir, daß Zedernpech »die Kraft hat, tote Körper zu konservieren und die lebendigen zu verderben«. Damit wird er auf den Einsatz im Totenkult des antiken Ägyptens hingewiesen haben. Es gab aber im Altertum auch eine Verhütungssalbe aus Zedernöl, die der Mann vor dem Beischlaf auf sein Glied strich. Zäpfchen mit Inhaltsstoffen aus der Zeder wurden als sicheres Abtreibungsmittel verwendet, und jegliche Art von Parasiten, von Läusen bis hin zu Würmern, wurden mit Zedernzubereitungen vom menschlichen Körper vertrieben. Der jahrtausendelange Raubbau des »heiligen Baumes« führte schließlich fast zur völligen Dezimierung der Libanonzeder, die heutzutage im Handel kaum noch erhältlich ist.

Himalayazeder, *Cedrus deodara*
Atlaszeder, *Cedrus atlantica*

Die Himalayazeder wird im Sanskrit »göttlicher Baum« genannt, was angesichts der eindrucksvollen Ausmaße dieses Baumes – er kann bis zu 3000 Meter hoch werden

– gut verständlich ist. Auch die Himalayazeder kann über 500 Jahre alt werden, und sie ähnelt der Libanonzeder sehr. Das Holz wurde seit dem Altertum wegen seiner Haltbarkeit für alle Arten von Bauten hoch geschätzt, da Insekten das ätherische Öl des Zedernholzes meiden. Gleiches gilt für die Atlaszeder.

Amerikanische »Zedernarten«, die heute reichlich angeboten werden, gehören anderen botanischen Familien an, nämlich Wacholder- oder Thujaarten. Da ihr Holz aber dieselben Eigenschaften aufweist und der Räucherung mit den Hölzern in der Überlieferung der Indianer gleiche Eigenschaften zugesprochen werden wie den Zedern, können die Wirkungen zusammengefaßt dargestellt werden. Zedernholz kann mit viel Rauch verbrennen, deshalb ist sein Gebrauch als Bestandteil einer Mischung angenehmer.

Verwendete Pflanzenteile:
Harz, Holz, Triebspitzen

Wirkung beim Räuchern:
Mildert Erkrankungen der Bronchien und der Lungen; vertreibt negative spirituelle Einflüsse aus Gebäuden; verbessert die geistige Atmosphäre; entspannt bei seelischer Belastung; stimmt mutig und zuversichtlich; fördert Wahrträume, spirituelle Wahrnehmung und Meditation

Duftnote:
Balsamischer, warmer, süßer Waldweihrauch

Zimt, Cassia, *Cinnamomum verum* und *Cinnamomum cassia*

Der Cassia-Zimtbaum gehört zu den Lorbeergewächsen, er gedeiht vor allem in den subtropischen Gebieten Chinas und wird dort seit der Frühzeit der Geschichte kultiviert. Schon in den ältesten erhaltenen chinesischen Schriften wird der betörende Blütenduft der Cassia beschrieben, der allerdings von der geschälten, getrockneten Rinde stammt und nicht von den fast duftlosen Blüten. Beim Trocknen rollt sich die Rinde zu den uns bekannten »Zimtstangen« auf, und so wird sie auch heute noch in den Handel gebracht.

Cassia wurde als Allheilmittel in der traditionellen chinesischen Medizin bei verschiedenen Krankheiten eingesetzt, von Rheumatismus bis Frauenleiden, von Erkältung bis Husten, bei Durchfall und Kopfschmerzen: immer wird die sofortige und schnelle Wirkung der Cassia gelobt. Für die heutige Zeit vielleicht besonders interessant ist der Einsatz als Medikament bei Tumoren, die auch schon im Altertum bekannt waren. Selbstverständlich wurde die köstlich duftende Rinde auch verräuchert, und die stimmungsaufhellende, tröstliche, warme und sinnliche Duftnote überzeugte damals wie heute. Über die berühmten antiken Handelswege, die Seiden- und Weihrauchstraße, gelangte Cassia schon zwei Jahrtausende vor unserer Zeitrechnung nach Ägypten und ins antike Griechenland. In Ägypten wurde Cassia rasch zum wichtigen Räucherwerk für kultische Rituale und selbstverständlich beim wichtigsten Ritual der alten Ägypter, der Mumifizierung der Verstorbenen, mit eingesetzt.

Dioskurides, ein griechischer Arzt, kannte offenbar auch die indische Zimtrinde, die er als sehr ähnlich, aber etwas weniger wirksam einstufte. Im antiken Griechenland wurde die Zimtrinde äußerlich bei Augen- und Hautleiden verwendet, die anderen Indikationen entsprachen den altchinesischen Kenntnissen.

Außerordentlich beliebt war die Cassia als Räucherwerk bei den biblischen Hebräern, welche die Pflanze wiederholt in ihren Psalmen und Versen (im Alten Testament) erwähnen. Schon immer wurde die aphrodisische Wirkung des Zimtrauches besonders geschätzt.

Ceylonzimt stammt aus Indien und Ceylon und ist die botanische Entsprechung der chinesischen Cassia. Ob Ceylonzimt stärker oder schwächer schmeckt oder duftet, scheint Geschmackssache: die Meinungen darüber sind einfach zu unterschiedlich. Während in vergangenen Jahrhunderten und Jahrtausenden Cassia einfacher zu bekommen war, ist jetzt der Ceylonzimt die leichter zugängliche Handelsware. In der ayurvedischen Medizin wird Zimt besonders als Heilmittel für Verdauungsbeschwerden eingesetzt. In jüngster Vergangenheit ist Zimt auch im Westen als hochwirksames Naturheilmittel zur Linderung der Volkskrankheit Diabetes mellitus Typ 2 zu neuer Berühmtheit gelangt. Räucherstäbchen aus Zimtrinde sind in Indien sehr beliebt.

Zimtduft wird im Abendland vor allem mit Weihnachten in Verbindung gebracht. Die tröstende, erwärmende und stimmungsaufhellende Wirkung kann in der dunklen Jahreszeit tatsächlich besonders intensiv erlebt werden. Hildegard von Bingen empfahl zur allgemeinen Stärkung und gegen die »Bitterkeit des Herzens« eine Gewürzmischung aus Nelken, Muskat und Zimt, die auch in einem ansonsten für unseren Gaumen eher herben Keksrezept verwendet wird. Das Rezept enthält zwar Salz, Mandeln und Dinkelmehl, aber nur sehr wenig hellen Zucker, der im Mittelalter außerordentlich teuer war und in Apotheken als Heilmittel gegen Depression verkauft wurde. Zimtduft dämpft, ähnlich wie Vanilleduft, den Appetit. Zimtstangen sind in guter Qualität im Gewürzhandel erhältlich. Kassiarinde kann in der Apotheke bestellt werden – ein Räucherversuch mit Cassia lohnt in jedem Fall!

Verwendete Pflanzenteile:
Getrocknete Rinde

Wirkung beim Räuchern:
Hilft bei Erkrankungen der Atemwege; dämpft den Appetit; löst Krämpfe, entspannt; stimmungsaufhellend, tröstend; entspannt bei seelischer Belastung; fördert die Durchblutung, erwärmt; fördert die sexuelle Lust; steigert die Potenz

Duftnote:
Unverwechselbar aromatisch, süß-warm, riecht schwach nach Pfeffer

Räucherstoffe aus Europa

Alant, *Inula helenium*

Der stattliche Alant mit seinen strahlend gelben Blüten gehört zu den ältesten Heil- und Räucherpflanzen der Menschheit und wurde bei den Kelten, den Germanen und auch im antiken Griechenland gleichermaßen geschätzt. Heimisch ist die Pflanze in Zentralasien, vermutlich wurde sie von den einwandernden Keltenstämmen mit nach Europa gebracht. Es gibt auch eine bei uns heimische Variante – den Weidenalant (Inula salicina), der gern an feuchten Standorten und lichten Waldrändern wächst. Er ist aber kleinwüchsiger und recht selten. Alant spielte im Mittelalter eine bedeutende Rolle als Heilmittel, deshalb finden sich auch hie und da noch verwilderte Pflanzenbestände der Kulturform. Zum Räuchern und als Heilpflanze wird der Wurzelstock des Alants verwendet, deshalb ist es sinnvoll, sich eine der prächtigen Stauden im Garten anzubauen. Wild geerntete Pflanzen würden den Restbestand in der freien Natur noch weiter verringern! Auch der kultivierte Alant liebt feuchte Böden, die gern lehmig sein dürfen. Bei Trockenheit muß die Staude ausreichend gewässert werden.

Die Wurzel diente sogar als Nahrungsmittel. Schwach gesüßt, wurde sie roh oder gekocht als Aufbaumittel nach schweren Erkrankungen gegessen. Im Mittelalter versetzte man die Wurzel mit Alkohol und rühmte den Alantwein als Allheilmittel. Medizinisch wurde der Alant zur

Förderung der Gallensekretion und als wurmtreibendes Mittel eingesetzt. Bekannter ist aber die Verwendung bei Bronchial- und Lungenleiden. Tatsächlich hat der Alant eine mittlerweile auch naturwissenschaftlich bestätigte Wirkung auf Tuberkulosebakterien, deren Wachstum er hemmen kann.

Viele volkstümliche Namen verweisen uns auf die Bedeutung als kultische Räucherpflanze. Die »Weihrauchwurz« wurde auch zum Desinfizieren von Krankenzimmern eingesetzt – ein Brauch, der auf den Kanarischen Inseln bis heute erhalten ist. Der kampferähnliche, schwach veilchenartige Duft wurde von den Kranken bestimmt als angenehm empfunden. »Sonnenwurz«, ein weiterer Name des Alant, verweist uns auf die stimmungsaufhellende Wirkung der verräucherten Wurzel, welche dem Kranken und der gesamten Familie zugute kam. Auch die in Indien heimische Verwandte des Alant, die Inula racemosa, wird für reinigende und harmonisierende Räucherungen eingesetzt. Im Mittelalter, als vieles vom alten, kultischen Wissen durch den christlichen Einfluß verlorenging, hielt sich das Wissen um die desinfizierende Wirkung des Alantrauches – nur: jetzt sollte eine gründliche Räucherung mit Alant gegen Hexen helfen.

Der Name Elfenampfer ist auf die keltische Tradition zurückzuführen. Als Speicher der Sonnenenergie war die Wurzel ein wichtiger Bestandteil der Räuchermischungen, welche die Feierlichkeiten der Wintersonnenwende begleiteten. Überbleibsel dieser Rituale ist das Wissen um die kultische Bedeutung der dreizehn heiligen Nächte, der Zeit »zwischen den Jahren« (vom 24.12. bis zum 6.1.), die uns eine Vision des zukünftigen Jahres vermitteln können. Der Elfenampfer sollte in einer Räuchermischung, die bei diesem Anlaß zum Einsatz kommt, nicht fehlen: Er vermittelt Zuversicht, Trost und Schutz.

Bei den Germanen wurde der Alant als »Odinskopf« Bestandteil des neunteiligen Kräuterbüschels, das als vielfach verwendeter Pflanzenzauber eingesetzt wurde, ein Brauch, der sich in bäuerlichen Gegenden bis ins letzte Jahrhundert hinein gehalten hat.

Die Namen Odinskopf und Sonnenwurz sowie der im Mittelalter erhoffte Schutz vor Hexen sind Zeichen dafür, daß der Alant eine den männlichen Gottheiten zugeordnete Kultpflanze ist.

Verwendete Pflanzenteile:

Zum Räuchern wird die getrocknete und gereinigte, in kleine Stücke geschnittene Wurzel verwendet. Im Spätherbst oder Frühjahr lassen sich die Wurzelstöcke gut teilen, so daß Sie die Wurzeln wieder einpflanzen können.

Wirkung beim Räuchern:

Desinfiziert, tötet Keime, hilft Lungen und Bronchien; stärkt das Männliche; tröstend, beschützend, hellt die Stimmung auf

Duftnote:

Schwach und leicht nach Veilchen und Kampfer riechend, ein milder und sehr feiner Weihrauch

Baldrian, *Valeriana officinalis*

Die Baldrianpflanze kann bis zu zwei Meter hoch werden. Sie wächst ab April an feuchten Waldrändern oder an feuchten Ufern. Im Juli oder August öffnen sich ihre zarten, weißen oder hellrosa Blüten und verströmen einen angenehmen, lieblichen Duft. Baldrian ist in Europa und Asien heimisch, aber er hat im Orient eine berühmte Verwandte, die Narde. Diese ist ebenfalls eine Pflanze aus der Familie der Valerianaceae, der Baldriangewächse. Die Narde wird im Alten und im Neuen Testament häufig erwähnt und ist eine hochgeschätzte Räucherpflanze in der jüdischen und arabischen Tradition. Im deutschen Volksmund wird der Baldrian auch Mond- oder Elfenwurz genannt und, wie könnte es anders sein, Hexenkraut. Da Katzen den Geruch der Baldrianpflanze lieben und sich gerne in ihrer Nähe aufhalten, wird sie auch Katzenkraut genannt.

Als Heilkraut hat der Baldrian in Europa eine lange Tradition. »valere« bedeutet gesund sein und ist das dem botanischen Namen zugrunde liegende lateinische Wort. Seit dem antiken Griechenland wird Valeriana officinalis als Heilmittel für das Nervensystem eingesetzt. Die Pflanze, in Form von Tee, Tinktur oder Pulver eingenommen, mildert alle Beschwerden, die aus einem überreizten oder fehlgesteuerten Nervensystem hervorgehen, von nervösen Magenkrämpfen bis hin zu Magengeschwüren, Schlafstörungen, Angstzuständen, Unruhe, Kopfschmerzen und Wechseljahrsbeschwerden.

Die volkstümlichen Namen von Baldrian verraten uns, daß es sich um eine bei den Kelten heilige und kultisch verwendete Pflanze handelte, und diese Tradition hielt sich in dem mittelalterlichen Gebrauch zum Schutz vor Hexerei. Verhexte Milch sollte wieder rein werden, wenn sie durch einen aus Baldrianblüten geflochtenen Ring gegossen wurde, und ein Büschel Baldrian, an der Zimmerdecke aufgehängt, sollte anzeigen, ob sich eine Hexe im Raum befand. Außerdem galt Baldrian als Augenheilmittel. Letzteres ist medizinisch nicht bestätigt, sondern als Hinweis auf die Wirkung des Baldrians im Räucherwerk zu verstehen.

Die verräucherte Blüte fördert die Fähigkeit, Träume zu erinnern und ihre Botschaft zu verstehen. Unter bestimmten Bedingungen, wie Ernte und Gebrauch bei Vollmond in der freien Natur, kann der Rauch der Blüten die Augen öffnen für die Anwesenheit von Elfen und anderen Elementarwesen. Nach alter keltischer Weisheit sind es die Elfen, Gnomen (Steingeister), Undinen (Wassergeister) und Sylphen (Luftgeister), welche die Natur lebendig und gesund erhalten, weil sie immerzu den Kontakt mit dem geistigen Urgrund und der Pflanzenwelt, den Gewässern, der Luft und den Steinen aufrechterhalten. Und es gibt auch modernere, spirituelle Anschauungen, wie etwa die Anthroposophie R. Steiners, welche die Krankheit der Natur darauf zurückführen, daß der Mensch die Elementarwesen weder achtet noch beachtet, so daß diese sich immer mehr von der Erde zurückziehen. In diesem Verständnis könnte das Verräuchern von Baldrian einen ganz wesentlichen Beitrag zum Umweltschutz und zur Gesundung unserer Wälder leisten.

Noch geheimnisvoller wirkt der Rauch der Wurzel. Wie seine berühmte Verwandte, die Narde, wirkt dieser

Rauch als Aphrodisiakum, was sicherlich zu dem Namen »Hexenkraut« beitrug, wurde den Hexen doch die über viele Jahrhunderte hinweg verpönte, frei ausgelebte Lust angelastet. Deshalb wurde Baldrian auch zu Bindezauber verwendet oder in Liebesamuletten getragen, und auch innerlich eingenommen. »Wenn Mann und Weib Baldrian in Wein trinken, so machet das gut Freundschaft«, heißt es dazu im Volksmund.

Verwendete Pflanzenteile:
Blüten: im Sommer sammeln. Die Staude kommt wild noch recht häufig vor. Wer einen feuchten Standort im Garten hat, kann sie auch gut anbauen. Lassen Sie genügend Blüten zur Vermehrung der Pflanze stehen! Sie wird es Ihnen durch üppiges Vorkommen im nächsten Jahr danken.
Wurzeln: im Frühling oder Herbst ausgraben, gut säubern und in Stücke geschnitten trocknen lassen.

Wirkung beim Räuchern:
Blüten: Erhöht die spirituelle Schwingung, fördert die Fähigkeit der geistigen Verwandlung; fördert die Intuition; schafft Bewußtsein für das Traumerleben, öffnet die Augen für Elementarwesen in der Natur
Wurzeln: Steigert die sexuelle Lust

Duftnote:
Blüten: Ein feiner, flüchtiger und blumiger Duft
Wurzeln: Erdig und an Ziege erinnernd, bei zu hoher Dosierung unangenehm, deshalb sparsam verwenden

Beifuß, *Artemisia vulgaris*

Diese wunderbare Heilpflanze gilt als Geschenk der großen Muttergöttin. Sie ist weltweit verbreitet, und ihre Verwendung bei rituellen Kulthandlungen ist seit der Frühgeschichte der Menschheit überliefert. In einem Grab der Neandertaler im heutigen Irak fanden sich Beifußpflanzen als Totengabe – und dieses Grab ist über 70.000 Jahre alt!

Der Beifuß ist anspruchslos und paßt sich den verschiedensten Boden- und Klimabedingungen an, bei stärkerer Sonnenbestrahlung duftet er jedoch aromatischer. In unseren Breiten finden wir ihn nach wie vor an vielen Stellen wildwachsend – häufig auch an Bahndämmen, am Rand von Autobahnen oder unter Hochspannungsmasten. Der Beifuß braucht diese Orte nicht zu fürchten, denn er besitzt die Fähigkeit, elektrische Ladung umzuwandeln und abzubauen. Deshalb wurde er von alters her vor Gewittern verräuchert, um die oft unerträgliche elektrische Spannung in der Luft vor der Entladung auszugleichen. Es gibt viele hübsche, silbergraue Arten, die sich problemlos im kleinsten Garten oder notfalls in Töpfen anbauen lassen – und ein leicht zugänglicher Vorrat sollte in keinem Hausgarten fehlen!

Heute ist Beifuß den meisten nur noch als Gewürzkraut für Gänsebraten bekannt. Der Beifuß schmeckt bitter und aromatisch, er regt die Lebertätigkeit und den Gallenfluß an und hilft damit bei der Fettverdauung. Leider wird der bittere Geschmack heutzutage eher gemieden, mit der Folge, daß Gallenleiden und Fettsucht sich immer weiter verbreiten.

Beifuß wurde auch als Heilkraut bei Epilepsie und Hysterie geschätzt, denn seine ausgleichende Wirkung bei elektrischer Spannung und Entladung zeigt sich auch bei den Synapsen unseres Nervensystems. Der Name Artemisia deutet auch auf den antiken Gebrauch in der Frauenheilkunde hin. Der griechischen Göttin Artemis geweiht, diente das Kraut der »Regulierung der Menstruation«, genaugenommen wurde es zur Geburtenkontrolle verwendet. Da der Beifuß in entsprechender Dosierung Fehlgeburten auslösen kann, sollte er von schwangeren Frauen gemieden werden. Das gilt – sicherheitshalber – auch für das Verräuchern. Vermutlich führte diese Verwendung des Beifußes im Mittelalter zu dem Namen Hexenkraut.

Als eine der wichtigsten heiligen Pflanzen bei den Kelten gehörte Beifuß zu kultischen Räucherungen zu Samhain. Er wurde aber auch innerlich eingenommen: Weichte man ihn sieben Tage in Wein ein, so entstand ein kultischer Rauschtrank, der Ahnenschau, Visionen und geistige Erkenntnisse begünstigte. Samhain war das höchste Fest der Kelten und erstreckte sich über viele Tage. Es signalisierte den Beginn der Winterzeit, und in der Zeit zwischen dem heutigen Allerheiligen und dem Martinsfest gab es einen besonderen feierlichen Höhepunkt, dabei wurde der Beifuß als letztes Heilkraut rituell eingebracht und den Speisen beigegeben – nach Samhain geerntete Kräuter galten als schädlich. Dieser Brauch wurde, wie viele andere, vom Christentum übernommen und zeigt sich in der mit Beifuß gewürzten Martins- und Weihnachtsgans.

Im keltischen Glauben verkündeten die klagenden Wildgänse zu Samhain die Wende der Gezeiten und den

Rückzug des Sonnengottes in die Unterwelt, bis er zur Sonnenwende von der Muttergöttin wiedergeboren wurde und zu Beltane (dem Frühlingsfest) erneut die Herrschaft übernahm. Deshalb gehörte der Gänsebraten auch damals schon zu den Festtagsspeisen.

Auch die germanische Tradition schätzte den Beifuß als kultische Pflanze. Sie wurde, ähnlich wie im antiken Griechenland, besonders den weiblichen Mysterien zugeordnet und für Fruchtbarkeits- und Geburtsrituale verwendet. Wie bei den Neandertalern war Beifuß auch wichtiger Teil der Totenrituale und wurde den Gräbern beigefügt. Die germanische Tradition lebt heute überall da fort, wo Kräuterbüschel mit neun Kräutern verräuchert werden, denn die Zahl neun war den Germanen heilig. Beifuß ist immer ein Bestandteil dieser »grünen neune«.

In der Tradition der mitteleuropäischen und nordeuropäischen Bauern hat sich der Beifuß bis heute seinen Ruf als Schutzkraut gegen alle Art teuflischer Einwirkungen bewahrt, ob es sich dabei um krankes Vieh, Ungeziefer in Getreide und Speicher oder um Blitzschlag handelt. Ein Kränzlein aus Beifuß um die Füße gewunden, soll Ausdauer bei der körperlichen Arbeit schenken. Da die günstigste Zeit zum Ernten des Beifußes um Johanni ist, wurden auch Beifußkränze ins lodernde Johannifeuer geworfen.

Verwendete Pflanzenteile:

Verwendet werden am besten Blätter und Blütenrispen, die kurz vor der Blüte stehen. Aber der Beifuß unterstützt uns zu jeder Jahreszeit und in jeder Notlage! Daher kann er auch zu jeder Jahreszeit gesucht und gepflückt werden.

Allerdings läßt er sich auch als getrocknetes Küchenkraut verräuchern, so daß Sie ihn im Notfall schnell zur Hand haben.

Wirkung beim Räuchern:
Schutz, Segen, Reinigung, neutralisiert Elektrosmog; stärkt das Weibliche; fördert spirituelles Wachstum, Intuition und geistiges Wissen sowie Wahrträume; hilft bei Trauer, Loslassen und den Sterbeprozessen des Lebens

Duftnote:
Leicht herb

Vorsicht! Schwangere Frauen sollten den Verzehr von Beifuß meiden und sicherheitshalber auch auf das Verräuchern verzichten!

Bernstein, *Succinum*

Bernstein ist eigentlich ein Harz und stammt aus derselben Familie wie Weihrauch, Copal und die anderen »Göttertränen« der Fichtenhölzer, die beim Räuchern einen so wunderbaren Wohlgeruch verbreiten. Bernstein ist aber ein fossiles Harz, es tropfte vor 15 bis zu 50 Millionen Jahren von der Bäumen, wurde ins Meer gespült, um bis in die heutige Zeit wieder von den Wellen ans Ufer getragen zu werden. Bernsteinfunde gibt es an vielen Stellen der Erde, besonders bekannt ist der dominikanische, der burmesische und der mexikanische Bernstein. Und natürlich der Ostseebernstein, der von der deutschen bis hinauf an die baltische Küste ans Land gespült wird. Er wird seit Jahrtausenden gesammelt, in Europa und bis nach Afrika und Asien hinein exportiert.

Die Verwendung des »Brennsteins« als Räucherwerk reicht bis ins Altertum zurück, und er galt als vielseitig einsetzbares Medikament. Milet (600 v.u.Z.), ein Arzt der griechischen Antike, nannte den Bernstein »Elektron«; das Wort Elektrizität hat hier seinen Ursprung. Die Heilkraft des Bernsteins bei Leiden der Blase, bei Fieber, Magenbeschwerden und Halsschmerzen war aber schon im alten Ägypten bekannt. Bis ins Mittelalter hielt sich das Wissen um die Heilkraft des Bernsteins, um dann, wie die abendländische Heilkunst insgesamt, im Hexenwahn verlorenzugehen.

Bernstein wurde ebenfalls zu medizinischen Zwecken verräuchert. Im alten Ägypten und in Griechenland wurden Bernsteinräucherungen bei geistiger Verwirrung und zur Linderung chronischer Schmerzen vorgenommen. Lonicerus erwähnt 1679 die Verwendung von Bernsteinrauch zur Erleichterung der Geburt. Auch in der traditionellen chinesischen Medizin fand Bernsteinpulver Verwendung bei Frauenleiden wie auch bei allen obengenannten Beschwerden.

Noch 1729 wurde Bernstein als »das beste Räucherpulver gegen die Pest« bezeichnet. Bis in die heutige Zeit hat sich die Gewohnheit erhalten, zahnende Kinder auf einer Bernsteinkette kauen zu lassen, damit ihre Schmerzen gelindert und das »Zahnfieber« gesenkt wird. Um den Hals getragenen Bernsteinketten sagt man eine heilende Wirkung bei Erkrankungen der Schilddrüse nach. In Osteuropa ist der Gebrauch von Bernsteinräucherstäbchen üblich, damit sollen das Raumklima verbessert, die Stimmung aufgehellt und rheumatische Schmerzen gelindert werden.

Bernstein wird auch Amberstein genannt (nicht zu verwechseln mit dem echten Amber!), und dieses Ambersteinpulver hat eine lange Tradition auch in der islamischen Medizin. Es wird bei Stimmungsschwankungen empfohlen, und sein Rauch wird »Vater der Düfte« genannt.

Daß der kostbare Bernstein oft gefälscht wird, ist verständlich. Im besten Fall erhält man statt Bernsteinharz Copal, der sich ebenfalls mit gutem Wohlgeruch verräuchern läßt. Weniger schön ist das Ergebnis bei synthetischen Bernsteinprodukten. Diese werden vor allem für Schmucksteine verwendet, denn nach wie vor erfreuen sich Bernsteine mit eingeschlossenen Insekten oder gar Skorpionen größter Nachfrage. Um diese Schmuckstücke billig anbieten zu können, wird oft genug auf künstliche Erzeugnisse zurückgegriffen, nicht auf echten Bernstein. Der dabei entstehende Abfall wird auch gern als »reines« Bernsteinpulver oder Granulat zum Räuchern verkauft. Vorsicht also bei günstigen Angeboten!

Verwendete Teile:

Der Bernstein kann im Ganzen oder gemahlen als Pulver verräuchert werden.

Wirkung beim Räuchern:

Reinigt und erneuert die Raumluft, wirkt desinfizierend; stärkt bei geistiger Erschöpfung, beruhigt bei geistiger Übererregung; lindert Schmerzen, löst Krämpfe; fördert eine spirituelle Erneuerung; stärkt das Männliche und heilt das Weibliche

Duftnote:
Beim echten Bernstein mischt sich ein würziger, harziger, pinienartiger Duft (ähnlich wie die Myrrhe) mit einer fast unangenehmen, gummiartigen Note. Deshalb sparsam dosieren!

Eiche, *Quercus*

Allen Völkern Europas galt die Eiche als ein heiliger, den Göttern geweihter oder die Kraft der Götter repräsentierender Baum. Allerdings findet man auf der gesamten Erdkugel eine Vielzahl von Eichengewächsen, vom Hochgebirge bis zu den Tropen. Die sogenannte Stieleiche wächst am häufigsten in Mischwäldern: zum einen wegen der Schweinemast, in den »Hutewäldern«, und wegen des Schiffbaus. Das unverwüstliche Eichenholz wird von alters her für den Schiffsbau gebraucht, daher finden sich ausgedehnte Eichenbestände auch heute noch in Küstennähe. Die Eichenbalken, die beim Hausbau verwendet wurden, hielten viele Jahrhunderte lang.

Ein Eichenleben überdauert 30 Menschengenerationen, das langsame Wachstum, die tiefen Wurzeln und die imposanten Baumkronen der älteren Bäume beeindrucken heute wie im Altertum. Die Eiche trägt eigentlich immer Laub, ohne ein immergrünes Gehölz zu sein, denn die welken Blätter werden erst abgestoßen, wenn das frische Grün treibt. Im antiken Griechenland war die Eiche Zeus geweiht, im alten Rom Jupiter, die Kelten weihten die Eiche dem Himmelsherrscher Taranis und die Germanen dem Donar – also war sie immer dem stärksten und kraftvollsten Gott gewidmet.

Eine Eiche zu fällen oder ihr Holz zu gebrauchen war damals nur unter bestimmten, meist religiösen Voraussetzungen möglich. Der Gebrauch der Eiche als Nutzpflanze geht mit der Entwicklung des Christentums einher, das mit der Schändung der Donareiche durch Bonifatius ein einschneidendes Zeichen setzte. Die Schweinemast mit Eicheln war dagegen schon jahrtausendelang üblich, deshalb war den Kelten das Schwein ebenfalls heilig. Ein Rest dieser Tradition findet sich in dem heute noch bekannten »Glücksschwein«.

Eichenhaine waren den Kelten kultische Orte – das Verehren der Gottheit in Bauwerken empfanden sie als frevelhaft. Das Wort für den männlichen Geistlichen, den Druiden, stammt denn auch vom Wort »Duir«, Eiche, ab. Als Allheilmittel und kultisches Rauschmittel wurde die seltene Eichenmistel verwendet.

Die Germanen hielten unter Eichen ihre Rechtsprechung ab, und auch viele Jahrhunderte später galten unter einer Eiche getroffene Vereinbarungen als bindend und verpflichtend.

Als Arzneipflanze hat die Eiche ebenfalls eine lange Tradition. Verwendung findet die Frühjahrsrinde, deren Absud bei Hautkrankheiten, chronischen Magen-Darm-Erkrankungen und Vergiftungen eingenommen oder auch äußerlich angewendet wird.

Das Verräuchern des Eichenlaubs stammt aus der

keltischen Tradition. Plinius der Ältere (römischer Geschichtsschreiber) erwähnt, daß die Kelten ohne Eichenlaub gar keine kultische Handlung vornahmen. Kein Wunder, denn Eichenlaub reinigt die Umgebung und die Atmosphäre, was die erste Voraussetzung für das Gelingen einer kultischen Handlung ist.

Auch die Eichenrinde wurde verräuchert, um all die männlichen Eigenschaften zu fördern, die den mächtigen Göttern zugesprochen wurden: Macht, Stärke, Erfolg, Gerechtigkeit und Kraft.

Verwendete Teile:
Getrocknetes Laub und Rinde

Wirkung beim Räuchern:
Laub: reinigt die Umgebung und die Atmosphäre, klärt die Gedanken, vertreibt negative geistige Wesenheiten
Rinde: stärkt das Männliche, fördert den Gerechtigkeitssinn und die Ausdauer

Duftnote:
Laub: würzig, herb
Rinde: warmer, würziger, kräftiger Holzduft

Eisenkraut, *Verbena officinalis*

Auch das echte Eisenkraut (nicht zu verwechseln mit dem chilenischen Zitronenkraut oder Verbena odorante) ist eine seit Jahrtausenden hochgeschätzte Heil- und Kultpflanze. Sie ist anspruchslos, schätzt allzu rauhes Klima jedoch nicht. Typisch für die auffallende Pflanze sind die langen, dünnen, sehr aufrecht stehenden Zweige mit wenigen lila Blüten. Will man die zarten Zweige brechen, erlebt man eine Überraschung: Sie sind fest wie Draht und lassen sich eigentlich nur schneiden. Volkstümliche Namen sind Druidenkraut, Traumkraut und Isenkraut.

Die Isispriesterinnen des alten Ägyptens nannten das Kraut »Tränen der Isis«. Schon damals war die Pflanze als Heil- und Stärkungsmittel und für ihre entzündungshemmende Wirkung bekannt. Eisenkraut wurde gegen Rheumatismus, Ischias, Nervenleiden und Fieber eingesetzt. Im alten Rom galt ein Bad in Eisenkrautabsud als Allheilmittel – ein Glaube, der sich bis ins Mittelalter hielt. Im Mittelalter zählte man auch das Eisenkraut zu den wirksamen Mitteln gegen die gefürchtete Pestseuche.

Aber nicht nur als Heilmittel war das Eisenkraut beliebt. Zu allen Zeiten hatte es kultische Bedeutung. Römische Unterhändler trugen das Kraut mit sich, wenn sie Friedensverhandlungen eröffneten, und legten es zum Abschluß auf die ausgehandelten Verträge, um deren Gültigkeit und Gerechtigkeit zu besiegeln. Sänger und Künstler aller Zeiten trugen einen Kranz aus Eisenkraut auf dem Kopf, um die Inspiration und die Intuition zu fördern, und die Damen des Mittelalters gaben ihren Rittern einen Strauß Eisenkraut in die Rüstung, um sie vor Verletzungen zu bewahren.

Auch für die Kelten war das Eisenkraut eine der heiligsten Pflanzen. Der Eisenkrautsud der Seher ist legendär (man denke an Miraculix!), er sollte Wahrträume fördern und Weissagungen hervorrufen. Obwohl das Eisenkraut beim Räuchern keine sehr ausgeprägte Duftnote entwikkelt, ist es zusammen mit stark duftenden Harzen schon immer auf Altären verbrannt worden, um die Atmosphäre zu reinigen und gleichzeitig die magische Schau zu fördern. Eine Räucherung mit Eisenkraut vertreibt die Angst, stärkt und zentriert und stimmt zuversichtlich. Es schärft den Sinn für Gerechtigkeit und steigert das diplomatische Geschick.

Verwendete Teile:
Das ganze Kraut einschließlich Blüten

Wirkung beim Räuchern:
Stärkt die Abwehrkräfte; reinigt die Atmosphäre; verleiht innere Stärke; stimmt zuversichtlich; vertreibt Angst; unterstützt das Wirken schicksalhafter Gerechtigkeit

Duftnote:
Schwach herb

Erdrauch, *Fumaria officinalis*

Erdrauch wird auch Elfenrauch, Krätzekraut, Feldraute genannt und weist schon durch seinen Namen auf seine Tradition als Räucherpflanze hin. Seit der jüngeren Steinzeit wurde Erdrauch in der Nähe menschlicher Siedlungen angebaut. Die blau bis graugrün schimmernde Pflanze mit den zarten, doppelt gefiederten Blättern und den roten Blüten ist hübsch anzusehen, anspruchslos und gedeiht in ganz Mitteleuropa. Das Kraut ist ein Heilmittel bei Leber- und Gallenkrankheiten und bei daraus entstehenden Hautleiden. Aufgrund seines extrem bitteren Geschmacks ist Erdrauch trotz seiner ausgezeichneten Verträglichkeit und Wirksamkeit in der Neuzeit aus der Mode gekommen. In Deutschland wurden die Blätter zur Milderung und Heilung von Migräne und Kopfschmerzen wie Tabak geraucht.

Kelten und Germanen schätzten den Erdrauch als Räucherpflanze. Er öffnet die Augen für die Elementarwesen der Natur, aber auch für das Wirken der Verstorbenen unter uns und für die Bilder des zukünftigen Geschehens. Bruchstücke dieses Wissens hielten sich bis ins Mittelalter. Mönche und Nonnen bauten den Erdrauch in ihren Klostergärten an und verräucherten ihn bei Riten zur Vertreibung des Teufels und anderer böser Geister.

Im 19. Jahrhundert verhalf der französische Okkultist Paul Sédir (Pseudonym für Yvan Leloup 1871–1926) dem Erdrauch durch seine Bücher zu neuer Bedeutung als Räucherstoff in der Esoterik. Als Räucherwerk wird ihn nur derjenige verwenden, der um seine Wirkung weiß, denn der Erdrauch ist fast geruchlos. Immer wieder wurde der echte Fumaria officinalis verfälscht, obwohl er doch so einfach zu beschaffen ist! Es lohnt, ihn selbst zu sammeln oder im Garten als »Unkraut« stehenzulassen. Kaufen sollte man das getrocknete Kraut sicherheitshalber nur als einzelne Droge.

Verwendete Teile:
Das ganze Kraut einschließlich Blüten

Wirkung beim Räuchern:
Öffnet das geistige Auge; fördert das spirituelle Sehvermögen; lindert Kopfschmerzen

Duftnote:
Fast geruchlos

Vorsicht! Bei Kopfschmerzen nur allein verräuchern!

Esche, *Fraxinus excelsior*

Die Esche ist seit vielen Jahrhunderten in Mitteleuropa heimisch, sie liebt feuchte und nährstoffreiche Böden, so daß sie häufig in der Nähe von Bächen oder anderen Gewässern zu finden ist. Bei den Kelten, vor allem aber bei den Germanen, war die Esche ein heiliger Baum – vielleicht trug ihre botanische Besonderheit dazu bei, denn es gibt männliche, weibliche sowie »zweihäusige«, das heißt zweigeschlechtliche Eschen. Eine der alten Legenden besagt entsprechend, daß die Kinder aus den Eschen geholt werden.

Am bekanntesten ist wahrscheinlich die »Weltenesche Yggdrasil« aus der nordischen Mythologie, die Ober-, Zwischen- und Unterwelt verbindet. In ihrer Krone wohnt ein Adler, an der Wurzel leben zwei Schlangen. Vor allem aber sitzen an der Wurzel die drei Nornen, die an dem Schicksal der Menschen spinnen. Auch den Kelten bedeutete die Esche viel: die »Zauberstäbe«, ein kultischer Gegenstand der Geistlichen, wurden aus Eschenholz geschnitzt. Eschensamen waren ein wesentlicher Bestandteil von Räucherungen, welche den Blick für die Zukunft und die Vergangenheit öffnen und Schutz auf diesen gefährlichen Zeitreisen gewähren sollten.

Selbstverständlich wurde die Esche auch als Heilpflanze hoch geschätzt. Ihre Verwendung als Heilmittel bei Schlangenbissen scheint sich aus der nordischen Sagenwelt abzuleiten. Den schleimreichen, frischen Bast* haben kriegerische Völker gern als Auflage zur Heilung frischer Wunden verwendet. Ein Tee aus den Blättern ist schweiß- und harntreibend, und ein Aufguß von getrockneten Samen und Rinde wurde gegen Wundfieber eingesetzt.

Das Holz ist zäh und langlebig. Daß bis zum Beginn des letzten Jahrhunderts zu Weihnachten geschnittene Äste zu Hütestecken und Wanderstäben geschnitzt wurden, erinnert an eine alte keltische Tradition und hat weniger mit der Qualität des Holzes zu tun. Eschenstäbe sollten einsame Wanderer oder Hirten im Wald vor Geistern, Kobolden und Elfenzauber schützen.

Nur Kenner werden die Esche verräuchern, denn trotz der intensiven spirituellen Wirkung des Rauches entwikkelt er keine besonders aromatische Note. Deshalb werden die nötigen Pflanzenteile wohl auch nur schwer im Handel erhältlich sein. Allerdings sind Eschen nach wie vor verbreitet, so daß es kein großes Problem sein dürfte, Samen oder Blätter zu sammeln. Und sie sollten wirklich in keiner Schutzräucherung fehlen.

---

* Lebendes Gewebe unter der Borke von Bäumen, das in Wasser gelöste Nährstoffe durch den gesamten Baum leitet.

Verwendete Teile:
Getrocknete Blätter und Samen

Wirkung beim Räuchern:
Stärkt den ewigen, ungeschlechtlichen Teil des Menschen; schützt vor schlechten Einflüssen; fördert die spirituelle Schau bei Reinkarnationsforschung; schützt auf der Zeitreise

Duftnote:
Kein ausgeprägter Geruch

Fichte, *Picea abies*

Fichten und Tannen werden oft verwechselt – tatsächlich sind sie ja auch eng verwandt. Als klassischer Weihnachtsbaum wird die Fichte aufgestellt. Sie ist ein typisch europäischer Baum, der eine beachtliche Höhe erreichen kann. In einem natürlichen Mischwald spielt die herabgefallene Fichtennadel eine wichtige Rolle bei der Kompostanreicherung des Bodens. Der Stamm wächst schnell in die Höhe, und man hat ihn gern zu Schiffsmasten verarbeitet. Deshalb wurde die Fichte auch schon seit der Zeit des Römischen Reiches in Monokulturen angebaut und erreichte selten die stattlichen Ausmaße der »Irminsul«, eines der letzten germanischen Baumheiligtümer, das im Auftrag Karls des Großen zerstört wurde.

Fichtenharz wird schon seit Jahrhunderten als »gemeiner« Weihrauch oder Waldweihrauch gesammelt und genutzt.

Traditionell wird der Fichtenrauch zum Abtöten von Krankheitskeimen eingesetzt – er war ein wichtiges Desinfektionsmittel bei den großen Pestepidemien. Als Heilmittel wurde der Rauch bei Verschleimung der Lunge, zur Behandlung von Hautausschlägen, aber vor allem zur Linderung von rheumatischen Schmerzen eingesetzt.

Fichtenharz ist leicht zu finden und zu ernten. Die Harzwülste sind außen grau und innen zartrosa oder weißlich, wenn das Harz im richtigen Zustand, also bereits getrocknet, ist. Es ist wichtig, daß die »Baumwunde«, die vom Harz verschlossen wurde, nicht wieder aufbricht. Das Harz darf also auf keinen Fall mehr klebrig sein und sollte auch noch eine Weile im trockenen Raum gelagert werden. In früheren Jahrhunderten, als der teure, exotische Weihrauch oft auch für die Kirchengemeinden nicht zu beschaffen war, wurden sogar die herabgefallenen Harztropfen auf dem Waldboden gesammelt.

Das gereinigte Produkt, das im Handel erhältlich ist, heißt Burgunderharz. Allerdings ist sein Duft nicht ganz so aromatisch, und zuweilen ist die Rauchentwicklung sehr stark.

Einfacher zu beschaffen sind Fichtennadeln. Das Verglimmen von Nadeln oder ganzen Zweigen ist ein Brauch, der sich zur Advents- und Weihnachtszeit bis auf den heutigen Tag gehalten hat. Die Wirkung ist etwas schwächer als die des Fichtenharzrauches. Vorsicht! Es können kleine Funken sprühen!

Neben der Heilwirkung fördert Fichtenrauch die Konzentrationsfähigkeit und klärt das Bewußtsein.

Verwendete Teile:
Getrocknetes Harz und frische Nadeln

Wirkung beim Räuchern:
Schleimlösend und schmerzlindernd; desinfizierend; stärkt die Konzentrationsfähigkeit; klärt das Bewußtsein

Duftnote:
Kräftiger, leicht süßlicher Waldweihrauch

Holunder, *Sambucus nigra*

Der Holunderbaum, auch Hollerbusch genannt, begleitet den Menschen seit der Steinzeit. Vom antiken Griechenland bis zum alten Rom, genauso wie bei den Kelten und Germanen pflanzte man den Baum gern in der Nähe der Wohnstätten an – gewissermaßen als Hausapotheke. Der Holunder gedeiht in ganz Europa, er ist recht anspruchslos, bevorzugt aber nährstoffreichen Boden.

»Vor dem Holunder sollst du den Hut ziehen«, diese Redewendung, der noch bis Mitte des 19. Jahrhunderts in abgelegenen ländlichen Gegenden die Tat folgte, deutet auf die hohe kultische Bedeutung hin, welche der Baum bei den Kelten hatte. Seinen Niederschlag fand diese Überlieferung im Märchen »Frau Holle«. Der Hollerbaum war der Hohen Göttin geweiht, er galt als Verbindungsglied zwischen den Elementarwesen der Natur, den Schicksalsmächten und der göttlichen (weiblichen) Gegenwart. Schicksal kann sehr unterschiedlich erlebt werden, insofern konnten von keltischen Geistlichen unter dem Holunder ausgesprochene Flüche oder Segnungen weitreichende Wirkung zeigen.

Auch die Germanen verehrten den Holunder als Wohnsitz der »Weißen Frau«, allerdings überwog der lebenspendende Aspekt dieser Göttin. Deshalb trugen die Wöchnerinnen ihre Neugeborenen zum Holunder und hielten sie unter die Zweige, um sie durch diese Segnung lebensstark zu machen. Auf germanischen Friedhöfen wurden ebenfalls Holunderbüsche gepflanzt, sie waren der dunklen Seite der Göttin geweiht: dem Mysterium von Tod und Wiedergeburt.

Die Blütendolden des Holunders erinnern an kostbare Spitzen und duften unvergleichlich süß-aromatisch. Sie werden auch für vielerlei Süßspeisen verwendet und geben diesen eine köstliche Geschmacksnote. Getrocknet sind Blüten und Blätter seit Urzeiten als schweiß- und harntreibender und als fiebersenkender Aufguß im Gebrauch. Die rohen Früchte und die Rinde wirken leicht abführend und können zusammen mit dem Blütentee zur »Blutreinigung« bei Rheuma, Sklerose und anderen gewebeverhärtenden Krankheiten eingesetzt werden. Die ausgereiften Früchte sind reich an Vitaminen und Mineralstoffen. Der Geschmack der Früchte ist intensiv und herb-aromatisch; als Mus oder Saft eingekocht, stärken sie im Winter die Abwehr.

Verräuchert werden die Blüten und das Mark des Holzes. Der Rauch ist ein wirksamer Helfer bei Ritualen, die das Schicksal und vergangene Inkarnationen erhellen sollen, als Stärkungs- und Schutzräucherung für Frauen und kleine Kinder, und er unterstützt die Heilung. Wie bei fast allen einheimischen Räucherpflanzen steht der intensiven Wirkung ein eher schwacher, wenig ausgeprägter Geruch der verräucherten Pflanze gegenüber.

Verwendete Teile:
Getrocknete Blüten und das Mark des geschnittenen Holzes

Wirkung beim Räuchern:
Unterstützt die Heilung; schützt Frauen und kleine Kinder; stärkt das Weibliche; öffnet die Augen für die Welt der Elementarwesen; fördert das Verständnis des Schicksals

Duftnote:
Blüten: schwach süßlich
Mark: schwacher Holzgeruch

Johanniskraut, *Hypericum perforatum*

Das echte Johanniskraut oder Tüpfelhartheu ist an den wie von feinen Nadelstichen durchstochenen Blättern zu erkennen und daran, daß aus den zerdrückten Blütenblättern blutroter Saft hervortritt. Das rote Johanniskrautöl ist ein immer noch bewährtes Hausmittel bei Gelenkentzündungen oder Verbrennungen. Auch als Antidepressivum hat es sich – zu Recht – wieder einen Namen gemacht. Johanniskraut finden wir in lichten Wäldern, an Böschungen bis etwa 200 Meter Höhe. Die hellen Blüten öffnen sich, je nach Klima, zur Sommersonnenwende oder danach, also ab Juni, und leuchten, als wären sie vollgetankt mit Sonnenlicht. Entsprechend scheinen sie bei innerlicher Einnahme die menschliche Haut »lichtdurchlässiger« zu machen; die überempfindliche Reaktion auf Sonnenlicht ist eine eher unerwünschte Begleiterscheinung des Tüpfelhartheus.

Schon Paracelsus rühmte die Heilwirkung des Johanniskrauts. Daß es aber seit der keltischen Zeit eine wichtige Räucherpflanze war, ist heute in Vergessenheit geraten. Dabei hat sich in bäuerlichen Gegenden noch lange der Brauch gehalten, bei aufziehendem Gewitter Johanniskraut zusammen mit Eisenkraut abzubrennen, um die elektrostatische Aufladung der Luft zu mindern – eine Wirkung, die auch für den modernen Menschen sehr interessant sein kann! Bei den Kelten wurde das Kraut in die Sonnwendfeuer gehalten, um böse Geister zu vertreiben und im Kampf unbesiegbar zu bleiben.

Für die Germanen hatte die Sonnwendfeier noch größere kultische Bedeutung, und das Johanniskraut war ein wesentlicher Bestandteil des Rituals. Es galt als Symbol der Sonne, und deshalb trugen die jungen Mädchen Kränze aus Johanniskraut im Haar. Verbrannt wurde es ebenfalls zum Schutz vor Dämonen, vor der Dunkelheit und als Hilfe gegen Traurigkeit.

Eine Sitte späterer Jahrhunderte scheint das Verräuchern am Kindbett zu sein, um Mutter und Kind zu schützen. Verwendung fand Johanniskraut innerlich und als Räucherpflanze auch bei Liebeskummer, der ja eine Form vorübergehender Depression ist.

Der Duft der Blüten ist beim Verräuchern eher schwach. Werden sie mit stärkeren Aromen zusammen verräuchert, wird er für die Nase kaum wahrnehmbar sein – seine kraftvolle Wirkung entfaltet er aber trotzdem!

Verwendete Teile:
Getrocknete Blüten

Wirkung beim Räuchern:
Hellt das Gemüt auf, vertreibt Ängste, mildert Liebeskummer und Niedergeschlagenheit; mindert elektromagnetische Spannung; hilft bei emotionaler Spannung und Streit; schützt Frauen und kleine Kinder; schützt vor negativen spirituellen Einflüssen

Duftnote:
Schwacher Blütenduft

Kamille, *Matricaria chamomilla*

Die echte Kamille, auch Mutterkraut genannt, hat viele Verwandte. Um einen hellgelben Blütenkopf stehen zarte weiße Blütenblätter, die Blätter sind fein gefiedert, der Stiel allerdings widerstandsfähig und schwer zu pflücken. Die allgemein als »Hundskamillen« benannten Arten haben einen größeren Blütenkopf und nichts von der Wirksamkeit des Allheilmittels Kamille. Im Mittelmeerraum findet sich noch eine ebenso heilkräftige Verwandte: die Römische Kamille, genau wie die echte zu erkennen an dem unverwechselbar aromatischen Duft, den wir alle aus unserer Kindheit kennen.

Die Kamille ist anspruchslos, wächst an Wegrändern und auf Schuttplätzen, früher in den Getreidefeldern, wo sie bei Bedarf schnell geerntet werden konnte. Heutzutage wird sie leider immer seltener, weil Dünge- und

Spritzmittel ihr natürliches Wachstum auf Feldern und an deren Rändern verhindern und auch auf Brachäckern kein »Unkraut« mehr geduldet wird. Aber sie wird als Heilpflanze angebaut.

Vermutlich war es die Römische Kamille, die im antiken Ägypten die heiligste aller Heilpflanzen war. Neben den Tempeln standen die »Häuser des Lebens«, in denen die Kranken gesundgepflegt wurden und wo die geweihte Kamille Bestandteil fast aller Arzneimittel war. Kamillenaufguß fördert die Wundheilung, hilft bei Verdauungsstörungen, Frauenleiden, Unruhe und Schmerzzuständen, es verhilft zu einem gesunden Schlaf und hebt die Stimmung. Die Römer setzten sie auch als Mittel bei Schlangenbissen ein.

Ihre überzeugende Heilkraft geriet nie in Vergessenheit – bei Angelsachsen und Germanen gehörte sie zu den neun heiligen Pflanzen, und sie wurde in den Sonnwendfeuern verräuchert, weil man der Kamille die Fähigkeit zusprach, Unglück und Krankheit abzuwehren. Nach einem alten bayrischen Räucherrezept, dem Hexenrauch, gehörte auch die Kamille als wesentliche Zutat zu einer Mixtur, die Hexen und böse Geister vertreiben sollte.

Bei jeder neuen Krankheit, die die Bevölkerung im Verlauf der Jahrhunderte plagte, wurden mit Kamille Therapieversuche gemacht, die meist recht erfolgreich waren. So setzte man Tuberkulosekranke im 18. und 19. Jahrhundert neben blühende Kamillenbeete, damit sie den heilsamen Duft einatmeten. Auch heute noch wird eine Inhalation mit Kamillenaufguß als schnell wirksames Mittel gegen Erkältungskrankheiten und jedwede Verschleimung der Nasen- und Nebenhöhlen eingesetzt.

Die Haut profitiert nebenbei auch von einem solchen Aufguß, denn Kamille reinigt, pflegt und beruhigt die Haut. Deshalb wurde auch schon immer Gesichtswasser aus Kamillenblüten hergestellt, und blonde Frauen schätzten den Kamillenaufguß, weil er die Helligkeit und Leuchtkraft des Haares erhielt. In bäuerlichen Gegenden bestand die »Hausapotheke« noch weit bis ins 20. Jahrhundert hinein einzig und allein aus dem »Kamillensäckchen«, das auf jede erkrankte oder schmerzende Stelle aufgelegt wurde.

Nach wie vor ist die Kamille in unserer Kultur allgegenwärtig, meist jedoch in verarbeiteter Form – oft genug als künstliches Aroma in Shampoos oder anderen Körperpflegemitteln. Es gibt Kamille auch als alkoholischen Extrakt in der Apotheke zu kaufen. Für die Räucherung genügt es, lose Kamillenblüten zu verwenden, wie sie für den Teeaufguß erhältlich sind.

Der feine Kamillenrauch beruhigt, wärmt das Herz, tröstet und vermittelt Geborgenheit und Schutz. Der Rauch setzt auch noch all die sagenhaften Heilkräfte des Mutterkrautes frei, und die Kamille ist tatsächlich eine der liebevollsten und segensreichsten Gaben der Erdmutter.

Verwendete Teile:
Getrocknete Blüten

Wirkung beim Räuchern:
Entspannt, mildert Ängstlichkeit, vermittelt Trost und Geborgenheit; hellt das Gemüt auf; lindert Schmerzen; hilft bei Erkrankungen der Atemwege

Duftnote:
Feiner, sanfter, aromatischer Blütenduft

Kiefer, *Pinus sylvestris*

Von der Altsteinzeit bis zur mittleren Steinzeit bestanden die Wälder des nördlichen Europas vor allem aus Kiefern. Auch heute noch ist dieser Baum häufig in den mittel- und nordeuropäischen Wäldern zu finden. Das Kiefernharz fließt reichlicher und flüssiger als das Fichtenharz, auch deshalb wird dieser Waldweihrauch mit seinem balsamischen, warmen Duft seit der Frühzeit verräuchert. Volkstümliche Namen sind Feuerbaum und Heiligföhre. Für die Kelten zählte die Kiefer zu den heiligen Bäumen, ein Kult, der sich bei den Germanen fortsetzte. Die Kiefer galt als Symbol der Langlebigkeit, und tatsächlich können die Bäume ein Alter von mehreren hundert Jahren erreichen. Auch in Nordafrika ist eine Kiefernart heimisch, die Aleppokiefer, und das Harz des Baumes wird dort »Mutter des Menschen« genannt. Die Nähe zur Mutterschaft erwähnt auch der antike Arzt Plinius, der eine Räucherung mit Kiefernharz als Heilmittel bei Erkrankungen der Gebärmutter empfahl. Kiefernzapfen wurden bei den Kelten als Fruchtbarkeitstalismane getragen, wenn der Kindersegen auf sich warten ließ.

Das Kiefernharz ist Musikern, die ein Streichinstrument spielen, unter dem Namen Kolophonium bekannt. Mit diesem Harz werden die Haare der Bogen gepflegt.

Zwar hat das Harz die intensivste Wirkung beim Räuchern, aber auch Holz, Zapfen, Rinde und Nadeln ergeben einen unverwechselbar aromatischen Duft. Man kann sich gut vorstellen, wie die Steinzeitmenschen mit dem Rauch des Herdfeuers auch die heilenden Eigenschaften dieser Räucherung in sich aufnahmen. Kieferräucherungen reinigen und desinfizieren die Luft, sie besänftigen und verbreiten eine angenehme, entspannte Stimmung. Als Heilmittel verräuchert, stärkt das Harz schwächliche Kinder und Lungenkranke.

Kiefern werden oft mit Fichten verwechselt. Im Handel erhältliches Kiefernharz ist meist auch mit Fichtenharz gestreckt. Reines Kiefernharz duftet aber intensiver, frischer und aromatischer als Fichtenharz, und seine Heilwirkung ist bedeutender. Leider ist es schwer erhältlich. Auch Holz und Rinde enthalten noch eine beachtliche Menge des Harzes, ein Kaminfeuer mit Kiefernholz wäre also eine intensive Räucherung! Etwas Vorsicht ist dabei aber geboten – die trockenen Nadeln brennen mit schneller Flamme auf und können heftig Funken versprühen.

Verwendete Teile:
Harz, Holz, Rinde, Zapfen, Nadeln

Wirkung beim Räuchern:
Stärkt kleine Kinder und Lungenkranke; unterstützt die Heilung von Frauenleiden; desinfiziert die Raumluft; wärmt, entspannt, fördert das Wohlbefinden; schützt vor negativen spirituellen Einflüssen

Duftnote:
Balsamischer, warmer, intensiver Waldweihrauch

Labdanum, *Cistus creticus, Cistus ladanifer*

Labdanum, jenes legendäre Labsal der Sinne, ist eine harzige Substanz, die im Hochsommer aus den Blütenblättern der Cistrose fließt. Diese Rose gedeiht nur in den warmen Regionen Europas. Das beste Labdanum wird seit dem Altertum auf Kreta gewonnen, mittlerweile wird die Pflanze aber auch in Spanien, Südfrankreich und Marokko angebaut.

Labdanum war in der antiken kretischen Kultur ein Lieblingsduft der Frauen, die sich mit einer Labdanumsalbe Busen und Dekolleté parfümierten. In den kretischen Baderäumen brannten immerzu kleine Räucherschalen mit dem köstlich riechenden Harz, und es gehörte zur morgendlichen Körperpflege der kretischen Damen, Gewänder und Körper damit zu beduften.

Labdanum hat, ähnlich wie das kostbare Adlerholz, die Eigenschaft, beim Erwärmen eine Vielzahl verschiedener Duftnoten zu entwickeln, so daß beim Verräuchern stets neue Geruchsvarianten zu erleben sind. Fast wie ein Gedicht klingt die Beschreibung des Labdanumrauches: balsamisch, blumig, honigartig, fruchtig, riecht nach Vanille, aber auch holzig, erdig, oder ambraartig. Labdanum öffnet die Seele des Menschen und fördert das Erleben. Es muß eigentlich mit keinem anderen Stoff vermischt werden. Allerdings ist das reine Labdanum nicht gerade billig, und es ist auch nicht leicht erhältlich.

Selbstverständlich hat auch Labdanum heilende Eigenschaften und wurde zu innerlich einzunehmenden Arzneien verarbeitet. Es kam bei Haarausfall, zur Wundbehandlung, gegen Ohrenschmerzen, zur Schmerzlinderung und bei schweren Erkrankungen der Gebärmutter zum Einsatz.

Der Rauch hat ebenfalls eine medizinische Wirkung: 1679 beschrieb der deutsche Arzt Lonicerus die heilende Wirkung der Labdanumräucherung bei Zahnleiden und bei Gebärmuttervorfall.

Labdanum war Bestandteil der ägyptischen Kyphi-Räuchermischung, bei den Hebräern wurde es als Tempelweihrauch verwendet, und die griechisch-orthodoxe Kirche verräucherte Labdanum als Kirchenweihrauch. Im Mittelalter war das Harz Bestandteil der hochgeschätzten »Kardinals-Weihrauchmischung«.

Angesichts seines köstlichen Duftes erschien dem antiken Geschichtsschreiber Herodot die verbreitete Erntemethode des Labdanums so eigenartig, daß er darüber schrieb: »Labdanum hat den schönsten Geruch und stammt vom übelriechendsten Ort, nämlich vom Bart der Ziegenböcke.«

Tatsächlich trieb man die Tiere in die Rosenhaine, wo sie die Blütenblätter abweideten und das sehr klebrige Harz an ihren Bärten haftenblieb. Es wurde dann herausgekämmt und gereinigt. Später wurden allerdings spezielle Lederkämme zur Harzernte verwendet.

Labdanum ist ein sehr klebriges Harz, es empfiehlt sich, es vor Gebrauch zu kühlen!

Verwendete Teile:

Eine harzähnliche Substanz aus den Blütenblättern

Wirkung beim Räuchern:

Unterstützt die Heilung von Gebärmutterleiden; lindert

Schmerzen; wärmt, entspannt, fördert das Wohlbefinden; öffnet die Seele, bereichert das Gemüt

Duftnote:
Balsamisch, blumig, süß, fruchtig, riecht nach Vanille, aber auch holzig, erdig, nach Heu oder Moos oder ambra- bzw. moschusartig – unvergleichlich vielseitig!

Lavendel, *Lavandula officinalis*

Der blau blühende, aromatisch duftende Lavendel ist im Mittelmeerraum heimisch. Er wurde erst ab dem 8. Jahrhundert n. Chr. zunächst in Klostergärten angepflanzt. Wild wächst Lavendel nur in der warmen Sonne des Südens, aber an einem sonnigen Plätzchen im Garten kann sich Lavendel auch zu einer kräftigen Staude entwickeln. Gerne wird er zwischen Rosen gesetzt, die auf diese Weise von Ungeziefer verschont bleiben.

Der Name dürfte auf das lateinische Wort lavare, waschen, zurückzuführen sein. Saubere Wäsche ist wohl auch das erste, was bei dem intensiven Duft der Lavendelblüten in den Sinn kommt: denn seit Jahrhunderten ist ein »Lavendelsäckchen«, das zwischen die Wäsche in den Schrank gelegt wird, ein zuverlässiger Schutz gegen Motten und anderes Ungeziefer. Duftet die Bettwäsche intensiv nach Lavendel, erleichtert dies das Einschlafen – eine Wirkung, die durch ein Lavendelsäckchen unter dem Kopfkissen noch verstärkt werden kann.

Lavendel, innerlich oder äußerlich angewendet, wirkt als Heilmittel beruhigend und krampflösend. Außerdem fördert es die Bildung und Ausschüttung der Gallenflüssigkeit und ist damit ein wichtiges Mittel für die Fettverdauung. In Mitteleuropa, vor allem in Südfrankreich, ist Lavendel deshalb auch ein gern eingesetztes Küchenkraut.

Ätherisches Lavendelöl ist einer der wichtigsten Bestandteile des berühmten »Kölnisch Wasser« und wird wegen seines Reinheit ausstrahlenden Dufts geschätzt.

Traditionell wird Lavendel zur Desinfektion von Krankenzimmern verräuchert, aber auch zur Segnung und zum Schutz von Säuglingen und Kleinkindern. Für die Räucherung, die Kinder schützen soll, werden die getrockneten Lavendelblüten mit Rosenblättern vermischt.

Auch menstruierende Frauen und junge Mädchen werden durch Lavendelräucherungen gestärkt. Lavendelrauch lindert Schmerzen, beruhigt das Gemüt, klärt den Geist und besänftigt Leidenschaften. In Klöstern wurde Lavendel sehr geschätzt, weil er angeblich die Keuschheit förderte.

Verwendete Teile:
Getrocknete Blüten und Blätter

Wirkung beim Räuchern:
Segnet und schützt kleine Kinder; schützt menstruierende Frauen und junge Mädchen vor Energieverlust; klärt den Geist, beruhigt Leidenschaften, entspannt; lindert Schmerzen; desinfiziert die Raumluft

Duftnote:
Erfrischend, intensiver, aber zarter und reiner Blütenduft

Lorbeer, *Laurus nobilis*

Der kleine, sehr hübsche Lorbeerbaum wächst in der Mittelmeerregion. In kühleren Gegenden gedeiht er nur, wenn man ihn im Winter ins Warme stellt. Im antiken Griechenland nannte man den Lorbeerbaum Daphne. Einst war Daphne eine schöne Nymphe, die vom Sonnengott Apollo heftig geliebt und begehrt wurde. Da Daphne die Neigung nicht erwiderte, ließ sie sich von der Erdmutter Gaia in einen Baum verwandeln. Apollo blieb der unerreichbaren Geliebten auch in dieser Form treu: Nach erfolgreichem Sieg über die Schlange Pythia bekränzte er sich mit Lorbeerzweigen. Der Brauch, Sieger mit Lorbeer zu bekränzen, hielt sich in der gesamten Antike und noch lange darüber hinaus. Lorbeer wurde also dem Apollo geweiht, es war sein heiliger Baum. Dies ist eine Besonderheit, denn im Gegensatz zu den Kelten verehrten Griechen ihre Götter in Tempeln. Das Orakel von Delphi, die priesterliche Seherin, schlief auf Lorbeerblättern, kaute Lorbeerblätter und inhalierte eine Räuchermischung, deren wesentlicher Bestandteil Lorbeer war. Zur Förderung der Hellsichtigkeit wird Lorbeerrauch bis auf den heutigen Tag verwendet. Auch zur Desinfektion der Häuser und Krankenzimmer bei Seuchengefahr hat Lorbeerrauch eine lange Tradition.

Bei den Kelten war Lorbeer eine wichtige Räucherpflanze, er wurde von den Priesterinnen der dreieinigen Göttin zur Förderung von Visionen und Inspirationen verräuchert. Die Kelten unterhielten Handelsbeziehungen zur gesamten damaligen Welt, so daß ihnen auch diese Mittelmeerpflanze zur Verfügung stand.

Im antiken Griechenland galt Lorbeer als Allheilmittel. Leider hat sich davon nur wenig bis in die Gegenwart gehalten: Lorbeeröl als Mittel gegen Gelenkrheumatismus oder der Aufguß der Blätter zur Förderung der Verdauung.

Bekannter ist die Verwendung von Lorbeerblättern als Gewürz. Lorbeer macht schwer verdauliche Speisen, wie beispielsweise Hülsenfrüchte, bekömmlich und verleiht ihnen einen unverwechselbar aromatischen Geschmack. Lorbeerblätter sind in ausgezeichneter Qualität als Küchengewürz zu erhalten.

Lorbeerrauch erweitert die Sinne und schärft die Wahrnehmung. Es ist sinnvoll, die intensive Wirkung des Lorbeers durch Mischung mit anderen Räucherpflanzen zu mildern. Als Bestandteil einer schlaffördernden Rezeptur kann er auch Wahrträume fördern. Bei einem spirituell geschulten Menschen kann der Lorbeerrauch Zukunftsvisionen hervorrufen.

Verwendete Teile:
Getrocknete Zweige und Blätter. Vorsicht! Sie verbrennen prasselnd!

Wirkung beim Räuchern:
Schützt junge Mädchen vor Energieverlust; schützt vor negativen spirituellen Einflüssen; fördert die spirituelle Entwicklung des Mannes; fördert Hellsichtigkeit, Zukunftsvisionen und Wahrträume; desinfiziert die Raumluft

Duftnote:
Aromatisch, intensiv, herb

Mastix, *Pistacia lentiscus*

Bis zu sechs Meter hoch kann der strauchartige Mastixbaum werden. Er ist botanisch eng verwandt mit dem echten Pistazienbaum, wird aber nicht wegen seiner Frucht, sondern wegen seines Harzes seit der Antike hoch geschätzt. Die Harzpistazie gedeiht im heißen Mittelmeerklima Griechenlands. Das beste Mastix stammt heute wie vor Jahrtausenden von der ägäischen Insel Chios. In den Sommermonaten wird der Stamm des Baumes angeritzt und das ausgeflossene, fest gewordene Harz von den Bäumen geschabt. Bis zu sechs Kilo Mastixharz können innerhalb einer Saison von einem Baum geerntet werden, dennoch ist Mastix eher rar und teuer.

Die Einsatzmöglichkeiten sind sehr vielfältig. Wie fast alle Räucherpflanzen ist Mastixharz auch ein Heilmittel, das, aufwendig eingekocht, gegen innere Blutungen der Oberbauchorgane sowie bei übermäßigen Unterleibsblutungen und gegen Gebärmuttersenkung eingenommen wurde. Auch bei allgemeinen Verdauungsbeschwerden soll es helfen. Gekaut ist Mastix ein wunderbares Mittel gegen wundes Zahnfleisch, es reinigt die Zähne und macht den Atem frisch – kurzum, es ist das wahrscheinlich älteste und natürliche Kaugummi. In Griechenland wird Mastix heute noch als Würzmittel alkoholischen Getränken und sogar Gebäck beigegeben. Außerdem wird Mastix seit alters für Lacke und als Klebstoff verwendet.

Schon in der Antike wurde Mastix nach Ägypten exportiert, es war ein Bestandteil der berühmten Kyphi-Räuchermischung, die zum damaligen Alltag der Ägypter gehörte. Die kostbaren Harzperlen wurden auch den

Mumien auf ihre Reise ins Jenseits mitgegeben. Interessant ist eine altägyptische Darstellung der Mastixpflanze als Kind, das auf einem Nilpferd reitet: Hierin findet sich der erste Hinweis darauf, daß eine Mastixräucherung besonders heilend und kräftigend für Kinder ist. Dieses Wissen hat sich zum Beispiel in Marokko erhalten, wo der Mastixrauch sogar heilend auf das abwesende Kind wirken soll, wenn die Heilerin beim Entzünden des Räucherwerks an es denkt.

Mastix ist ein unentbehrlicher Bestandteil der Weihrauchmischungen der griechisch-orthodoxen Kirche.

Als Räucherwerk wirkt der feine, unaufdringliche Weihrauchduft des Mastix klärend und erhellend auf Gemüt und Gedanken, er fördert Meditation und Gebet und verhilft dabei zu deutlichen Visionen.

Anstelle von echtem Mastix wird leider häufig Sandarak verkauft, oder das Mastix wird mit Sandarak gestreckt. Zwar handelt es sich auch bei Sandarak um einen wertvollen Räucherstoff, aber es ist nicht ganz so teuer wie Mastix. Auch hier gilt: genau nachfragen und nur bei einem vertrauenswürdigen Händler einkaufen!

Verwendete Pflanzenteile:

Harz

Wirkung beim Räuchern:

Klärt die Gedanken und das Gemüt; tröstet bei Niedergeschlagenheit; unterstützt Meditation und Gebet; fördert deutliche Visionen; sehr wirksam zur Heilung von Kindern; verbindet harmonisch die Zutaten einer Räuchermischung

Duftnote:
Leicht, frisch, ein wenig nach Zitrone riechend; feiner, unaufdringlicher Weihrauchduft

Mädesüß, *Filipendula ulmaria*

Diese stattliche Blume mit den üppigen, cremeweißen Blüten findet sich in der Nähe von Gewässern, an einem nicht zu sonnigen Platz. Sie ist in Europa weit verbreitet. Der liebliche Duft der Blüten ist ein Grund, warum sie, ähnlich wie Holunderblüten, für Süßspeisen verwendet wurden. Vor allem waren sie ein wichtiger Zusatz bei der Herstellung von Met, dem Honigwein unserer Vorfahren. Als Gewürz ist Mädesüß nahezu in Vergessenheit geraten.

Mädesüß zählte, wie Eisenkraut, zu den heiligsten Pflanzen der Kelten. Sie war eine wichtige Ritualpflanze zur Förderung von Intuition und Wahrträumen sowie zur Unterstützung jeder Art von Neuanfängen und Übergängen des menschlichen Lebens. Mädesüß wurde insbesondere von jungen Mädchen an der Schwelle zum Erwachsensein geschätzt. In den Volksbrauchtümern hat sich die Verwendung der zarten Blüten für »Liebeszauber« erhalten.

Den Ärzten der antiken Mittelmeerländer war Mädesüß als Heilmittel bekannt. Seine stimmungsaufhellende, schmerzlindernde und entzündungshemmende Wirkung geht auf die in ihm enthaltene Acetylsalicylsäure zurück, sie ist der Wirkstoff des Aspirins.

Im Mittelalter verlor sich das Wissen um die medizinische Bedeutung des Mädesüß, und die Pflanze geriet in Vergessenheit. Auch wenn sie im 19. Jahrhundert wieder Eingang in botanische Bücher fand, erreichte sie nicht mehr die frühere Bedeutung.

Als Räucherpflanze kommt Mädesüß heute vor allem in Liebesräucherungen zum Einsatz, jedoch gelten nach wie vor auch ihre traditionellen Wirkungsweisen. Jeder, der in seinem Leben einen Neuanfang anstrebt oder dem, vielleicht unerwünscht, ein solcher bevorsteht, könnte durch eine Räucherung mit dem Mädesüßkraut eine hilfreiche Unterstützung bekommen. Der Duft der getrockneten Pflanze ist unerwartet intensiv und stärker als der aromatische Duft der frischen Blüten.

Verwendete Pflanzenteile:
Getrocknete Blüten

Wirkung beim Räuchern:
Fördert Neuanfänge und Übergänge; harmonisiert während der Reifung des Mädchens zur Frau; fördert Intuition und Wahrträume; erleichtert den Beginn einer Liebesbeziehung

Duftnote:
Würzig, aromatisch, intensiv

Minze, *Mentha*

Es gibt sehr viele Minzenarten, gemein sind ihnen die rosafarbenen Blüten und der intensive Duft der Blätter. Die

Pflanze ist recht anspruchslos und neigt dazu, im Garten zu wuchern, allerdings nur an feuchten oder nassen Orten.

Seit dem Altertum zählt Minze zu den Heilpflanzen – im antiken China wurde sie als krampflösendes und beruhigendes Mittel eingesetzt, diese Wirkung hat sich bis heute bestätigt. Minze wirkt krampflösend und galletreibend und dadurch verdauungsfördernd. Die Ärzte der griechischen Antike betrachteten Minze als Aphrodisiakum, und die Araber scheinen diese Auffassung geteilt zu haben, denn Minztee, heiß oder kalt serviert, war ein beliebtes Getränk der vornehmen Haremsdamen.

Den Kelten war auch diese Pflanze heilig, und sie wurde bei Heilungs- und Liebesritualen eingesetzt. Die Krieger kauten die Blätter der sogenannten Katzenminze vor dem Kampf, um so ihre Wildheit und Entschlossenheit zu stärken.

Konzentriertes Minzöl ist ein hochwirksames Mittel bei Reiseübelkeit, Migräne und Schwindel, allerdings darf es nicht mit den Schleimhäuten in Berührung kommen.

Nach der keltischen Zeit verlor die Minze ihre Beliebtheit im mitteleuropäischen Raum. Heute wird zwar vielen Produkten – vom Kaugummi bis zur Zahnpasta – künstlicher Pfefferminzgeschmack beigegeben, aber als Küchenkraut wird die Minze nur selten verwendet, und auch der Minztee hat für viele lediglich »Krankenhauscharakter«. In Südeuropa blieb das Kraut allerdings hochgeschätzt, wahrscheinlich wegen seiner erfrischenden und kühlenden Geschmacksnote, die dazu verhilft, Hitze besser zu ertragen.

Trotz der anderslautenden Tradition wird in neueren Texten oft erwähnt, daß Minze ein lustdämpfendes Kraut sei. Ursache dafür dürfte das reinigende und klärende Aroma der Minze sein, das sicher keine »blinde« Leidenschaft fördert.

Diese klärende und bereinigende Wirkung der Minze hat sie bei all jenen in Mißkredit gebracht, die klassische Homöopathie anwenden oder ein solches Mittel einnehmen, denn Minze wirkt selbst so feinstofflich bereinigend, daß es unter Umständen die feinen Schwingungen der homöopathischen Hochpotenzen auflösen kann.

Minzblätter guter Qualität sind in jedem gutsortierten Lebensmittelhandel zu kaufen.

Verwendete Teile:
Getrocknete Blätter und Stiele

Wirkung beim Räuchern:
Beruhigt, lindert Schmerzen; erfrischt und entspannt; fördert klare Gedanken; erleichtert den Beginn einer Liebesbeziehung; fördert die Lust

Duftnote:
Frisch, aromatisch, intensiv

Mistel, *Viscum album*

Die Mistel war der heiligste »Baum« der Druiden. Dabei ist die Pflanze kein Baum, sondern gehört zu den Halbschmarotzern. In Europa kommt die Mistel besonders häufig auf Pappeln und auf Obstbäumen vor, aber auch auf Linden, selten auf Rosenstöcken und sehr selten auf Eichen. Die Verbreitung der Misteln erfolgt durch Vögel, welche die unverdauten Samen der Früchte auf den Ästen der Bäume zurücklassen. Da die Mistel gegen die Jahreszeit wächst, also im Winter fruchtet, nehmen die überwinternden Vögel sie gerne als Nahrungsmittel. Durch Senkwurzeln haftet die Mistel auf den Ästen. Sie wächst besonders gern auf Bäumen, die auf »schwierigen« Plätzen stehen, also z.B. auf Wasseradern. Es ist so gut wie unmöglich, die Mistel anzubauen – sie wählt sich ihren Wirtsbaum selbst. Bilden sich zu viele der Pflanzen auf einem Baum, raubt sie ihm allmählich die Lebenskraft. Sie ist der geheimnisvolle goldene Zweig der Wintersonnwendfeiern – ihre Blätter werden goldfarben, wenn sie trocknen. Die Mistel wirkt harntreibend, abführend und blutdrucksenkend – allerdings wird sie erst durch spezielle Zubereitungen, also durch die Kunst des Menschen, zu jenem sagenhaften Heilmittel.

Schon in ältesten Siedlungen wurden Reste der Pflanze gefunden, was dafür spricht, daß ihre außergewöhnliche Wirkung schon damals bekannt war. Plinius, ein römischer Geschichtsschreiber, schilderte genau, welch außergewöhnliches Ritual die Kelten durchführten, wenn sie eine der seltenen Eichenmisteln gefunden hatten. Alle Gewänder und Gegenstände, die in diesem Ritual verwendet wurden, waren in Weiß und Gold gehalten. Die Mistel durfte nur vom höchsten Geistlichen geschnitten werden, und zwar so, daß sie den Boden nicht berührte. Nach geglückter Ernte wurden zwei kostbare weiße Stiere geopfert. In einem speziellen Verfahren wurde aus der

Eichenmistel ein Sud erzeugt, der die Fruchtbarkeit von Mensch und Tier förderte oder wiederherstellte und alle Krankheiten heilen sollte.

Da die Beeren der Mistel hochgiftig sind, Kraut und Blätter ebenfalls Gifte entwickeln, wenn sie gekocht werden, können wir über die Herstellung dieses Mittels nur staunen. Auf spiritueller Ebene hatte das Eichenmistelpräparat eine hohe magische Wirkung: Es steigerte die spirituelle Macht und konnte den Menschen, solange er dies wünschte, unsichtbar machen. Dieses Wissen hielt sich noch lange im Volksbrauchtum. Die Menschen im Mittelalter glaubten, daß eine Mistel nur auf einem Baum wachsen könne, auf dem eine Hexe mit Tarnkappe übernachtet hatte. Andere Überlieferungen gehen davon aus, daß sich mit einem Mistelzweig unterirdische Schatzkammern öffnen ließen.

Mistelzubereitungen wurden auch als Aphrodisiakum eingesetzt. Geblieben ist die Sitte der angelsächsischen Länder, zur Weihnacht (Wintersonnenwende) einen Mistelzweig über der Tür aufzuhängen. Treffen sich ein Mann und eine Frau unter diesem Zweig, so dürfen sie einander küssen.

In der anthroposophischen Heilkunde ist mit viel Aufwand ein Mittel gegen Krebsleiden hergestellt worden. Dabei wird besonders beachtet, auf welchem Baum die Mistel gewachsen ist, weil die Bäume nach einem bestimmten System den Organen des menschlichen Körpers zugeordnet werden. Vielleicht ist auf diesem Weg das Allheilmittel der Kelten wiederzufinden!

Beim Räuchern entwickelt die Mistel keinen Eigengeruch. Das sollte aber nicht zu der Annahme verleiten, daß der Rauch keine Wirkung hätte! Das Gegenteil ist der Fall, seine magische Wirkung ist beträchtlich. Auch der Mensch von heute kann sich mit Hilfe einer Misteräucherung »unsichtbar« machen, wenn die Umstände erfordern, daß er nicht bemerkt wird. Die Mistel wandelt negative Schwingungen in positive und fördert klare Visionen

Verwendete Teile:
Getrocknete Blätter und Stiele

Wirkung beim Räuchern:
Macht »unsichtbar«, wirkt als »Tarnkappe«; wandelt negative Schwingungen in positive; fördert klare Visionen; erleichtert den Beginn einer Liebesbeziehung

Duftnote:
Geruchlos

Vorsicht! Die Beeren sind giftig! Mistelpflanzenteile, gleich welcher Form, gehören nicht in Kinderhände!

Myrte, *Myrtus communis*

Im alten Mesopotamien, dem Zweistromland, das auch die Wiege unserer heutigen Kultur genannt wird, stand die Myrte gleich nach der Libanonzeder oben auf der Beliebtheitsskala der Duftstoffe. Dabei muß bedacht werden, daß es im reichsten und zivilisiertesten Land der damaligen Welt eine unvergleichliche Auswahl an Duft- und Räucherstoffen gab. Die Vegetation in diesem Land war üppig, und alle Handelswege, zu Land oder zu Wasser, endeten in der sagenhaften, reichen Stadt Uruk.

Nach wie vor gedeiht der Myrtenstrauch in warmen Ländern, heutzutage ist er noch weit verbreitet in der korsischen Macchia, einem wilden Strauchdickicht, in dem sich die Düfte von Rosmarin, Salbei, Thymian und der wilden Myrte mischen. Der Myrtenstrauch ist immergrün, die glänzenden, aromatisch duftenden Blätter sind mit vielen kleinen Öldrüsen bedeckt. Im Mai strahlen die ebenfalls duftenden, weißen Blüten, die uns heute noch vom weißen Myrtenkranz der Bräute bekannt sind, und die kleinen, blauen Früchte reifen im Herbst. Alle Teile der Pflanze lassen sich zu wohlriechendem Räucherwerk verarbeiten.

In Mesopotamien war die Myrte dem höchsten Sonnengott geweiht; seine Priester und Priesterinnen salbten sich mit Myrtenöl und mischten die heilige Pflanze in den kostbaren Weihrauch, der zu Ehren des Gottes an dessen höchsten Feiertagen in großen Mengen verbrannt wurde.

Von der Antike bis zur heutigen Zeit gilt die Myrte als Symbol der Liebe und der geistigen Reinheit, und sie spielt noch eine große Rolle beim jüdischen Laubhüttenfest. Nach der mesopotamischen Zeit war die Myrte immer den höchsten Göttinnen geweiht. Als Symbol des ewigen Lebens gehörte die Pflanze zu den Grabbeigaben der antiken Ägypter, die Perser verbrannten Myrte bei ihren wichtigsten Opferritualen, und im antiken Griechenland wurden der Myrtenkranz und die Myrtenräucherung rituell der Aphrodite, bei den Römern der Venus zugeordnet. Dabei ging es auch immer um den Aspekt des ewigen Lebens, welches das Myrtenöl dem Menschen, der sich beispielsweise damit einsalbte, sichern sollte.

Als Heilmittel eingenommen, wirkt die Myrte positiv auf den Verdauungstrakt. Der Rauch hilft bei Migräne, lindert Schmerzen und tröstet bei Niedergeschlagenheit. Geschätzt wird der Myrtenrauch aber besonders wegen seiner unvergleichlichen Schwingung von Liebe, die er verbreitet. Eine Myrtenräucherung hilft zu verzeihen, heilt seelische Wunden und schafft damit eine ideale Voraussetzung für Gebet und Meditation.

Ähnlich wie Salbei lassen sich die getrockneten Myrtenzweige einfach zu einem »Räucherstäbchen« zusammendrehen, das dann mit einem feinen weißen Rauch seinen wohltuenden Duft verströmt.

Im Handel wird statt der echten Myrte oft ein vergleichbares australisches Produkt angeboten, (Melaleuca alternifolia), fragen Sie also beim Einkauf genau nach!

Verwendete Teile:
Getrocknete Blätter, Blüten und Früchte

Wirkung beim Räuchern:
Lindert Migräne und andere Schmerzen; stimmt positiv, tröstet und öffnet das Herz; schenkt Lebenskraft und Vitalität; verbreitet eine Schwingung allumfassender Liebe; fördert die sexuelle Lust; vertieft Meditation und Gebet

Duftnote:
Blätter: fein, weich, klar, laubartig
Blüten: feiner, weicher, klarer, wunderbarer Blütenduft
Früchte: fein, weich, klar, fruchtig-herb

Rainfarn, *Tanacetum vulgare*

Diese kräftige Pflanze mit den gelb blühenden, knopfförmigen Blütenköpfen ist in ganz Europa, Asien und Amerika verbreitet. Zwar liebt sie nährstoffhaltigen Lehmboden, gedeiht aber auch an Wegrändern und auf Schuttplätzen. Von elektrischen Spannungen und Strahlungen aller Art unbeeinträchtigt, findet man Rainfarn auch häufig an Bahndämmen, unter Hochleistungsleitungen, in der Nähe von Kernkraftwerken und an Autobahnen. Von alters her wird er Donner- und Blitzkraut genannt und gehörte zu den Kräutern, die verräuchert wurden, um die elektrostatisch aufgeladene Atmosphäre vor einem Gewitter zu mildern und damit größere Unwetter zu vermeiden.

Der botanische Name stammt vom griechischen Wort Athanasia ab, was unsterblich bedeutet. Der Sage nach verliebte sich Zeus in Ganymedes, einen außergewöhnlich schönen, sterblichen Jüngling. Zeus nahm Ganymedes mit auf den Olymp und machte ihn unsterblich, indem er ihm Rainfarnsud zu trinken gab.

Rainfarn stärkt die Abwehr und befreit insbesondere von Parasiten und Ungeziefer, eine Wirkung, die bis in die moderne Zeit hoch geschätzt wurde. Würmer, Läuse, Flöhe und andere Parasiten plagten in früheren Jahrhunderten insbesondere kleine Kinder und trugen in hohem Maße zur Kindersterblichkeit bei. Aus Straßburg (15. und 16. Jh.) wird überliefert, daß man Kinder regelmäßig in Rainfarnrauch hielt, damit sie gesund, lebhaft und kräftig wurden.

Obwohl die gelben Blüten, im getrockneten Zustand

ans Fenster oder ins Zimmer gehängt, Ungeziefer vertreiben, findet sich auf ihnen allzu gerne genau jenes Ungeziefer ein.

Bei den Germanen war der Rainfarn Teil einer Neunkräutermischung, mit der zu besonderen Feierlichkeiten rituell geräuchert wurde. Die aromatischen Blüten wurden in Broten verbacken, die zum Frühlingsfest verzehrt wurden. Hildegard von Bingen knüpfte an alte Traditionen an, als sie den Rainfarn als Zutat zu Fleisch und Kuchen lobte. In einem mittelalterlichen Rezept werden süß-sauer eingelegte Blüten des Rainfarns als Mittel gegen »schlechte Laune« empfohlen.

Ein Aufguß aus diesem Kraut linderte die im Mittelalter allgegenwärtigen Schmerzen, die aufgrund der oft tödlich verlaufenden Zahnfäule entstanden, und half ebenso bei schmerzhaften Blasenentzündungen.

Rainfarn wurde im Mittelalter auch Totenkraut genannt, und dies aus mehreren Gründen. Zum einen wurden Krankenzimmer, in denen Pestkranke gelegen hatten, mit ihm ausgeräuchert, denn er ist stark desinfizierend. Allerdings ist der Rauch ein wenig giftig, so daß immer gleichzeitig gelüftet werden muß. Auch Totenhemden wurden mit Rainfarn beräuchert, um eine Ausbreitung der Krankheit zu verhindern.

Wenn Nicholas Culpeper, ein englischer Botaniker des 17. Jahrhunderts, den Rainfarn als den »besten Freund der Frau« bezeichnet, ist allerdings eine ganz andere Wirkung damit gemeint. Rainfarn in einer bestimmten Dosierung eingenommen, »reguliert die Menstruation«, wurde also bei ausbleibender Regel eingesetzt und war damit ein abtreibendes Mittel. Auch der aromatische

Duft des verräucherten Rainfarns kann abtreibend wirken und sollte von schwangeren Frauen unbedingt gemieden werden!

Mit zunehmender Hygiene der Bevölkerung verlor sich allmählich die große Bedeutung des Rainfarns als Heilmittel, heute ist es nur noch wenigen bekannt. Als wirkungsvolles Mittel gegen Strahlungsbelastung könnte er aber in Zukunft eine neue Bedeutung erlangen.

Eine Räucherung, die größere Mengen Rainfarn enthält, sollte auf jeden Fall bei leicht geöffnetem Fenster durchgeführt werden. Im Freien kann eine Rainfarnräucherung Ungeziefer auf Entfernung halten – eine erwünschte Wirkung beim Gartenfest!

Verwendete Teile:
Getrocknete Blätter und Blüten

Wirkung beim Räuchern:
Vertreibt Insekten; desinfiziert nachhaltig Krankenzimmer; hilft bei elektrostatischer Aufladung bei aufziehendem Gewitter; hilft bei Elektrosmog und aller Art Strahlenbelastung; stärkt die Abwehrkräfte, besonders bei Kindern

Duftnote:
Aromatisch, würzig

Vorsicht! Der aromatische Duft des verräucherten Rainfarns sollte von schwangeren Frauen unbedingt gemieden werden!

Rose, *Rosa canina, Rosa damascena*

Die Rose gedeiht in unzähligen Formen, vorzugsweise in gemäßigtem Klima. In Mitteleuropa sind die Hundsrose und die Feldrose heimisch, die in der Blütezeit ihren herrlichen, betörenden Duft entwickeln. Dieser Blütenduft wurde schon immer geschätzt und läßt sich am ehesten in Rosenwasser oder Rosenöl einfangen. Die dazu nötigen Destillierungsverfahren wurden schon früh im Orient entwickelt. In unseren Breiten war die Frucht des Rosenstrauches, die Hagebutte, als Vitamin-C-haltiges Nahrungsmittel wichtiger und vermutlich auch bekannter. In einem recht mühevollen Arbeitsgang läßt sich aus der Hagebutte ein Mus herstellen. Die Rosenblätter der kultivierten Gartenrose können zu allerhand kostbaren Nahrungsmitteln verarbeitet werden. Die Rosenkonfitüre ist seit dem byzantinischen Weltreich berühmt, kandierte Rosenblütenblätter sind eine kostbare Nascherei, mit der auch gern Hochzeitstorten verziert werden. Unvergleichlich aromatisch ist ein Rosenblütensirup, mit dem Süßspeisen aromatisiert werden können. Eines haben alle diese Zutaten gemeinsam: Werden sie tatsächlich aus ungespritzten Freilandrosen hergestellt, dann sind sie nicht gerade preiswert!

Die prachtvolle Damaszenerrose wurde von den Kreuzrittern nach Europa gebracht. In allen antiken Hochkulturen war sie gleichermaßen geschätzt als Allheilmittel und als Symbol der Göttin – und damit der Liebe. Die Verbindung der farbenprächtigen Blüten mit den stachligen Stengeln wurde immer wieder als Sinnbild für Leben und Liebe, Geburt und Tod verstanden.

Diese Symbolik wurde auch in der christlichen Tradition übernommen. Wöchnerinnen schenkte man gern einen Rosenstrauß anläßlich der Geburt. Aus dem Mittelalter stammen unzählige Gemälde der »Maria im Rosengarten«, eines der schönsten Bilder dürfte in Colmar zu sehen sein. Das Rosenkranzgebet – die mantrische Wiederholung einer der Gottesmutter geweihten Gebetfolge –, bei dem Perlen des Rosenkranzes durch die Finger gleiten, ist ein uralter katholischer Brauch, der in den letzten Jahren neu aufgelebt ist.

Jahrtausendelang galt die Rose als Allheilmittel und wurde auch erfolgreich eingesetzt. Dagegen sind die naturwissenschaftlich nachgewiesenen, medizinischen Eigenschaften eher bescheiden: die Rose wirke »abführend« und eigne sich als Hautpflegemittel. Deshalb verschwand sie um 1930 endgültig aus dem Katalog der Heilmittel.

Schon immer ist die Rose ein Sinnbild der Liebe. Bräute schmücken sich gerne mit Rosen, und der Brautstrauß sollte möglichst auch aus Rosen bestehen. Rote Rosen gelten immer als Symbol der Liebe. Selbst heutzutage, wo die Blumensprache weitgehend in Vergessenheit geraten ist, wird jede Frau verstehen, was gemeint ist, wenn sie einen Strauß roter Rosen geschenkt bekommt! Weiße Rosen werden dagegen häufig als Grabschmuck verwendet.

Wer den wundervollen Duft blühender Rosen erinnert, wird von der schwachen Duftnote der verräucherten Blüten zunächst enttäuscht sein. Der feine Rosenrauch wird leicht überdeckt, dennoch ist er sehr wirksam. Eine Rosenblütenräucherung beruhigt, harmonisiert, segnet und versöhnt. In einer Räucherung zur Förderung einer Liebesbeziehung ist sie eine wesentliche Zutat, und ebenfalls in Räucherungen, die kleine Kinder segnen und schützen.

Verwendete Teile:
Getrocknete Blütenblätter der Damaszenerrose (ungespritzt!)

Wirkung beim Räuchern:
Beruhigt, harmonisiert, stimmt versöhnlich; fördert die Liebe; segnet und schützt, besonders kleine Kinder

Duftnote:
Sehr schwacher Rosenduft

Rosmarin, *Rosmarinus officinalis*

Rosmarin, auch Meertau, Krankenkraut oder Hochzeitsblume genannt, ist in den warmen Mittelmeerregionen heimisch und gedeiht besonders gut in Küstennähe. Die Staude erträgt lange Trockenheit, ist aber frostempfindlich. In Mitteleuropa wächst sie allerdings auch, vorausgesetzt, sie wurzelt an einem windgeschützten, sonnigen Plätzchen, und die Winter sind nicht allzu frostig.

In den wärmeren Regionen ist Rosmarin eine seit Jahrtausenden angebaute Heil- und Gewürzpflanze. Sie hatte auch immer eine kultische Bedeutung und wurde bei Ritualen verräuchert. Im antiken Ägypten gab man den Toten Rosmarinzweige mit ins Grab, um ihnen die Reise in Jenseits zu erleichtern. In italienischen und süddeutschen Regionen ist es noch immer üblich, Rosmarinzweige auf den Sarg zu werfen.

In der alten griechischen Hochkultur bekränzten sich die Gelehrten mit Rosmarinzweigen, weil der Duft die Gedankenklarheit anregt und das Gedächtnis stärkt. Arabische Ärzte des Altertums meinten sogar, Rosmarin könne das Gedächtnis zurückbringen. Das ätherische Öl des Rosmarins wirkt tatsächlich weckend und wird bis heute so eingesetzt – eine Waschung mit Rosmarinwasser macht Morgenmuffel munter.

Geweiht war der Rosmarin Aphrodite, der Göttin der Liebe. Rosmarin gilt auch als die Blume der Liebenden. Aus diesem Grund werden häufig blühende Rosmarinzweige in Hochzeitsschmuck eingebunden. Den Hochzeitsgästen wurde ein Rosmarinzweig mit auf den Weg gegeben. Im alten England wurden die Zweige dafür sogar vergoldet.

Rosmarin ist ein wirksamer Bestandteil jeder Liebesräucherung.

Der Meertau wurde von den Seeleuten mit auf die Schiffe genommen, damit er sie auf ihrer Reise beschützte. Von alters her wurde Rosmarin zur Desinfektion von Krankenzimmern verräuchert, im Mittelalter besonders in Frankreich zum Schutz vor der Pest. Während der Seuche trugen die Menschen frische Rosmarinzweige in einem Duftsäckchen um den Hals, um den ätherischen Duft einzuatmen und damit ihre Atemwege vor Ansteckung zu schützen.

Rosmarin ist eine wichtige Schutzpflanze. Sein Rauch reinigt Häuser und Ställe von unerwünschten geistigen Einflüssen und negativen Schwingungen. Zusammen mit Salbei bekommt man eine sehr wirksame Schutzräucherung, die schwarzmagische Einflüsse abwehrt.

Nicht zuletzt ist Rosmarin ein sehr aromatisches Küchenkraut. Er gibt fetten Speisen eine unvergleichliche Würze und macht sie leichter verdaulich.

Als getrocknetes Küchenkraut ist Rosmarin in guter Qualität erhältlich.

Verwendete Teile:
Getrocknete zerkleinerte und ganze Nadeln, aber auch ganze Zweige. Vorsicht! Die Nadeln versprühen beim Anbrennen Funken!

Wirkung beim Räuchern:
Hilft beim Trauern, tröstet bei Niedergeschlagenheit, hilft bei Depression; fördert die Liebe; desinfiziert Krankenzimmer; stärkt die Abwehr; reinigt die Atmosphäre, schützt vor negativen spirituellen Einflüssen

Duftnote:
Würzig, herb, aromatisch

Salbei, *Salvia officinalis*

Heute ist Salbei noch als wenig schmackhafter Tee, der bei Halsentzündung getrunken wird, oder als Küchenkraut bekannt. Dabei ist Salbei eine der Heilpflanzen mit der längsten Tradition. Über die gesamte Erde verbreitet gibt es Tausende von Salbeiarten, mehr oder weniger aromatisch, alle aber sehr wirksam. Als Räucherpflanze ist auch der Indianersalbei bekannt, und in Asien gibt es zahlreiche Salbeiarten, die als Arznei hoch geschätzt waren. Ob unser heutiger Salbei mit jener Pflanze identisch ist, die im Altertum als das Heilmittel galt, das Tote wieder zum Leben erwecken konnte, ist nicht sicher.

Der Salbei stammt aus den sonnigen, warmen Regionen des Mittelmeers und Nordafrikas. Charakteristisch sind die behaarten Blätter, die dem Grün einen silbrigen Schimmer geben, und die blauen Blüten. Im alten Ägypten wie auch im antiken Griechenland galt der Salbei als Mittel gegen Unfruchtbarkeit. Bestand ein unerfüllter Kinderwunsch, sollten die Paare vier Tage lang enthaltsam leben und während dieser Zeit täglich gesalzenen Salbeisaft trinken – danach galt die Empfängnis als sicher. Andererseits gehört Salbei auch zu den »menstruationsregulierenden« Pflanzen, hat also eine abtreibende Wirkung. Salbei hemmt die Sekretion der Schweiß- und Milchdrüsen und ist daher auch ein seit Jahrtausenden bekanntes Mittel zum Abstillen.

Unzählige Inhaltsstoffe des Salbeis wirken positiv auf Darm und Magen, helfen bei Erkältungskrankheiten und Zahnleiden, bei Gehirnerkrankungen und Störungen des Nervensystems, bei Hautausschlägen und dienen als Desinfektionsmittel. Allerdings sollte der Salbei, wie jedes Medikament, nicht in zu hoher Dosierung eingenommen werden, weil er auch toxisch wirken kann. Den Römern war Salbei die heiligste Pflanze, und seine Ernte war eine heilige Zeremonie. Salvare bedeutet retten oder heilen, und Salbei war den Römern das, was für die Kelten die Mistel war: ein Allheilmittel und das größte Geschenk der Götter.

Schon die Kelten kannten den Salbei, auch wenn er zu dieser Zeit noch nicht in den kühlen Regionen kultiviert wurde. Die Druiden lobten den Salbei als ein Kraut, das Tote wieder zum Leben erwecken könne.

Mit der Verbreitung christlicher Klöster begann der Anbau des Salbeis in den nördlicheren Regionen Europas. Karl der Große schätzte den Salbei so sehr, daß er ihn zu jeder Mahlzeit genießen wollte. Seine Ausdauer und Körperkraft ist denn auch Geschichte. Er förderte den Anbau des Salbeis, der allmählich von den Klostergärten in die Bauerngärten wanderte. In den einfachen Haushalten wurden Salbeiblätter wegen ihrer antiseptischen Eigenschaften in den Wohnräumen verstreut. Ein Salbeibusch, hieß es, gedeihe nur im Haus eines Weisen oder dort, wo die Frau Herrin im Hause ist. Allgemein galt es als schlechtes Omen, wenn der Salbei einging.

In Pestzeiten wurde in Essig eingelegter Salbei als vorbeugende Arznei eingenommen.

Als Räucherpflanze hat der Salbei ebenfalls eine lange Tradition. Der Rauch reinigt, desinfiziert, klärt den Geist, fördert die Konzentration und beruhigt die Gefühle. Eine der am meisten geschätzten Wirkungen des Salbeirauches dürfte in der spirituellen Reinigungskraft liegen. Durch das Räuchern mit Salbei können Räume und Ställe von negativen geistigen Einflüssen aller Art befreit werden.

Dabei läßt sich kein Kraut so einfach verräuchern wie Salbei. Die getrockneten Blätter lassen sich wegen ihrer feinen Härchen leicht zu einer Kugel zusammendrükken, die ohne Verwendung von Räucherkohle in einer feuerfesten Schale verglimmen kann. Die Wirkung dieser Schutzräucherung läßt sich zwar durch weitere Zutaten in der Duftnote verändern, aber Salbei wirkt auch allein zuverlässig und sicher. Deshalb sollte er in keinem Haushalt fehlen.

Salbei ist als Tee oder Küchengewürz in guter Qualität erhältlich.

Verwendete Teile:
Getrocknete Blätter

Wirkung beim Räuchern:
Fördert Konzentration und geistige Klarheit; besänftigt leidenschaftliche Gefühle, tröstet bei Niedergeschlagenheit, hilft bei Depressionen; desinfiziert; stärkt die Abwehr; reinigt die Atmosphäre, schützt vor negativen spirituellen Einflüssen

Duftnote:
Würzig, herb, aromatisch

Vorsicht! Schwangere und stillende Frauen sollten Salbeiräucherungen meiden! Das gilt auch bei Erkrankungen des Nervensystems wie bei epileptischen Anfällen!

Schafgarbe, *Achillea millefolium*

Die Schafgarbe, auch »Heil aller Welt«, »Augenbraue der Venus«, Achilleskraut, Teufelsnessel oder Wiesenjod genannt, ist ebenfalls eines der segensreichen Heilkräuter, die in verschiedenen Arten über die ganze Erde verteilt wachsen und überall als Heil- und Ritualpflanzen hoch geschätzt werden. In Mitteleuropa wächst die weiße Schafgarbe. Sie hat feine, gefiederte Blätter und einen überaus robusten Stiel, der sich kaum brechen läßt. Auch heute noch ist den Kindern Schafgarbe fast genauso bekannt wie Löwenzahn oder Gänseblümchen.

Der Sage nach entstand das Achilleskraut während des Trojanischen Krieges auf dem Schlachtfeld durch Rostspäne, die vom Speer des Achilles fielen. Daraus wuchs ein Kraut, mit dem Achilles die Wunden, die er seinen Feinden zugefügt hatte, wieder heilte.

Als Heilmittel wirkt die Schafgarbe auf den Blutfluß. Sie kann, je nach Dosierung, starke Blutungen eindämmen oder hervorrufen. Daher wurde das Kraut bei zu starken oder ausbleibenden Monatsblutungen eingesetzt, es kann Nasenbluten beenden oder hervorrufen, dasselbe gilt für Nierenblutungen. Die Dosierung sollte also fachkundig sein, größere Mengen Schafgarbe dürfen keinesfalls ohne die notwendige Indikation eingenommen werden. Schafgarbe wurde ebenfalls bei der äußerlichen Wundpflege verwendet, und auch in der Tierheilkunde kam sie zum Einsatz, um, falls nötig, den Milchfluß der Schafe anzuregen.

Die Kelten schätzten besonders die magischen Eigenschaften der Schafgarbe, denn kaum ein anderes Kraut unterstützt die Kunst des Weissagens so hilfreich.

Die Druiden verwendeten die Stengel der Schafgarbe dazu, das Wetter vorauszusagen. Auch den alten Chinesen war diese Kraft der Schafgarbe bekannt. Für das altchinesische Orakelspiel »I Ging« wurden Schafgarbenstiele ausgeworfen und daraus die Zahl berechnet, nach der die Deutungssprüche gelesen wurden.

Selbstverständlich hat ein so mächtiges Kraut auch eine schützende Funktion. Über die Wiege von Säuglingen wurde ein Büschel Schafgarbe gehängt, um böse Geister fernzuhalten. Getrocknete Schafgarbenstengel wurden in Vorhangstoffe eingewebt, damit sie ihre Schutzwirkung an den Fenstern des Hauses entfalteten.

Die Magie des Liebeszaubers hielt sich in zahlreichen Bräuchen. Die weiß blühende Schafgarbe gehörte in den Brautstrauß, damit sie zumindest für die ersten sieben Jahre die Liebe der Eheleute sicherte. Schafgarbe, unter das Kopfkissen gelegt, garantierte Wahrträume vom künftigen Ehepartner, und um zu prüfen, ob die Liebe des begehrten Menschen echt ist, wurde seine Nase mit Schafgarbe gekitzelt; begann die Nase daraufhin zu bluten, war dies ein Zeichen für die Echtheit der Liebe.

Als Räucherwerk verhilft die Schafgarbe zu klaren Visionen, sie fördert die Zukunftsschau und stärkt die Intuition. Der Geistesschüler, der nach Weisheit strebt, wird durch eine Räucherung mit Schafgarbe unterstützt.

Verwendete Teile:
Getrocknete Blüten

Wirkung beim Räuchern:
Verhilft zu Wahrträumen; verhilft zu klaren Visionen; fördert Weisheit und innere Leichtigkeit; schützt vor negativen spirituellen Einflüssen; schützt kleine Kinder

Duftnote:
Leicht, feinwürzig

Silbertanne, *Abies alba*

Tanne und Fichte werden oft miteinander verwechselt. Wer Tannenharz oder sonstiges Räucherwerk erstehen will, findet dies häufig unter dem Namen Fichtenaroma, hier lohnt genaues Nachfragen. Die Tanne ist an der hellgrauen Rinde, den aufrecht stehenden Zapfen und zwei silbrig-weißen Streifen auf der Unterseite ihrer Nadeln zu erkennen. Sie wächst in den feuchten Mittelgebirgen Mittel- und Südeuropas, kann mächtige, bis zu 70 Meter hohe Stämme entwickeln und über 500 Jahre alt werden. Schon Funde aus der Steinzeit weisen darauf hin, daß Tannenharz und Tannennadeln verräuchert wurden.

Aus den langen, geraden Stämmen der Bäume wurden Schiffsmasten hergestellt. Dieser Produktion fielen in späteren Jahrhunderten die ausgedehnten Tannenbestände des Schwarzwaldes zum Opfer, denn Schiffsmasten aus Schwarzwaldtannen waren in der ganzen Welt begehrt. Tannenwälder haben etwas Majestätisches, Weihevolles, und so wundert es nicht, daß die Silbertanne zu den heiligen Bäumen der Kelten zählte. Sie sollte vor negativen geistigen Wesenheiten schützen, und so war eine Räucherung mit Tannenharz oder -nadeln auch meist der erste Duft, den ein Neugeborenes inhalierte. Der würzige Duft des Tannenharzes hat eine schmerzlindernde Wirkung und befreit die Atemwege. Die Kelten wußten, daß die Tanne negative geistige Elemente fernhalten kann.

Auch die Germanen liebten die Tanne. Der Brauch, zur Mittwinterfeier eine Tanne aufzustellen und brennen zu lassen, ist ein germanisches Ritual. Die Wertschätzung der Tanne und das Wissen um ihre geistige Ausstrahlung erhielt sich bis ins Mittelalter. Hildegard von Bingen lobte neben der Heilwirkung der Tanne auch deren Kraft, Dämonen und Hexen fernzuhalten.

Räucherungen mit Tannenharz wurden eingesetzt, um Nerven und Psyche zu stärken, also als teils stimmungsaufhellendes, teils beruhigendes Mittel. Die schmerzlindernde und die befreiende Wirkung auf die Atemwege waren Grund genug, Krankenzimmer mit dem Tannenharz auszuräuchern. Dieser Waldweihrauch war schon lange in Gebrauch, bevor die orientalischen, stark duftenden Weihrauchsorten in den Handel kamen, und er behielt für das einfache Volk seine Bedeutung. Teilweise wurde der teure Kirchenweihrauch mit Tannenharz gestreckt.

Seit Jahrhunderten wird aus Tannen ein wirksames Wund- und Rheumamittel hergestellt, das unter dem Namen »Straßburger Terpentin« bekannt ist und sich auch bei Husten und Erkältungskrankheiten bewährt hat. Es ist zwar noch heute erhältlich, gerät aber leider zunehmend aus der Mode.

Tannenharz und Tannennadeln werden zur Herstellung der sogenannten deutschen Räucherkerzen verwendet, die in der Weihnachtszeit zu kaufen sind. Tannenharz ist heilkräftiger und auch spirituell wirksamer als das Harz der Fichte – leider ist es nicht ganz einfach zu bekommen. Erkennbar ist das Harz an dem aromatischen Tannenduft, der eine frische, zitronenartige Duftnote hat. Verräuchert werden können aber auch die Nadeln; die sind leichter zu beschaffen, und im Schatten getrocknet, bewahren sie lange ihr Aroma.

Verwendete Teile:
Harz, Nadeln

Vorsicht! Zweige und Nadeln fangen leicht Feuer und brennen lichterloh!

Wirkung beim Räuchern:
Lindert Schmerzen, befreit die Atemwege, erleichtert das Gemüt, beruhigt und stimmt zuversichtlich, schützt vor negativen spirituellen Einflüssen; schützt Gebärende und kleine Kinder

Duftnote:
Aromatischer, kräftiger, unverwechselbarer Waldweihrauch mit frischer, zitronenartiger Komponente

Thymian, *Thymus vulgaris*

Der Thymian liebt Sonne, Wärme und kargen Boden. Er ist im gesamten Mittelmeerraum verbreitet, aber es gibt auch Arten, die sich in den gemäßigteren Breiten durchgesetzt haben. Der bei uns heimische Thymian ist der rosa blühende Quendel.

Thymian ist einer der ältesten Räucherstoffe. Im antiken Griechenland war er der Weihrauch schlechthin, denn sein Name stammt vom griechischen »Thymon« ab, und dies bedeutet ausräuchern. Bei Griechen und Römern gehörte der Rauch des Thymians zu jedem Ritual dazu, denn der intensive Thymianrauch vertreibt negative geistige Wesenheiten, macht den Geist klar und stärkt den Mut. Den Griechen war der Thymianduft so angenehm, daß eine Salbung mit Thymianöl zur täglichen Körperpflege gehörte.

Auch für die Kelten war der Thymian eine heilige Pflanze.

Thymian wurde auch »Mariä Bettstroh« genannt, weil er den Frauen in den Strohsack gefüllt wurde, auf dem sie schliefen. Thymian wurde als Heilmittel bei Erkrankungen der Gebärmutter und bei Brustentzündung eingesetzt, Thymianräucherungen unterstützten bei schweren Geburten Mutter und Kind, ein Thymianaufguß stärkte die stillende Mutter. Da der Thymianduft Ungeziefer abhält, wurden Säuglinge und Kleinkinder ebenfalls mit Thymianrauch abgeräuchert. Gleichzeitig sollte diese Räucherung vor Feenraub und anderen gefährlichen geistigen Einflüssen schützen. Bei den Angelsachsen gehörte der Thymian zu dem »Zaubermittel mit neun Kräutern«. Wurde dieses Mittel einer Salbe beigefügt, konnte derjenige, der sich mit dieser Salbe einrieb, angeblich Elfen sehen.

Im Mittelalter galt der Thymian als Symbol des Mutes, wurde aber auch den Rittern von ihren Damen zum Schutz an die Rüstung gesteckt. Hildegard von Bingen empfahl ein einfaches Gebäck mit reichlich gemahlenem Quendel als Heilmittel für ein »krankes und leeres« Gehirn. Aber die Heilkraft des Thymians beschränkt sich nicht allein auf Krankheiten des Nervensystems. Der Dampf eines Thymianaufgusses heilt Nebenhöhlenentzündung.

Schon früh begann man damit, Krankenzimmer mit Thymianrauch zu desinfizieren. Seine reinigende Wirkung wurde auch während der Pestzeit geschätzt – deshalb heißt der Thymian auch »schwarzer Weihrauch«. Die antibakterielle Wirkung des Thymians machten sich im antiken Ägypten auch die Einbalsamierer zunutze: Thymian war auch Bestandteil der geheimnisvollen Tinktur, die beim Mumifizieren der Verstorbenen eingesetzt wurde.

Die starke Wirkung des Thymians entfaltet sich auch beim Räuchern. Deshalb sollte er auch ohne entsprechende Indikation nicht über einen längeren Zeitraum eingesetzt werden. Richtig dosiert, entfaltet er aber seinen unverwechselbaren, stärkenden und wärmenden Duft.

Verwendete Teile:
Das getrocknete Kraut, Blätter und Blüten

Wirkung beim Räuchern:
Klärt den Geist, fördert die spirituelle Sicht, befreit die Atemwege, beruhigt und stärkt das Nervensystem; stimmt mutig und zuversichtlich; schützt vor negativen spirituellen Einflüssen; schützt Gebärende, stillende Mütter und kleine Kinder; desinfiziert Krankenzimmer; vertreibt Ungeziefer

Duftnote:
Aromatisch, unverwechselbar, intensiv

Wacholder, *Juniperus communis*

Er heißt im Volksmund auch Rauch- oder Quickholder,

Machandelbaum oder Reckholder. Am eindrucksvollsten aber dürfte der Name Lebensbaum sein. Seit der frühesten Geschichte der Menschheit ist der Wacholder oder Lebensbaum eine weit verbreitete, wichtige, kultisch und medizinisch genutzte Pflanze. Der Wacholderrauch lindert und heilt rheumatische Schmerzen und Gelenkentzündungen, er beruhigt schreiende Säuglinge und wirkt in unvergleichlicher Weise bakterientötend und desinfizierend. Heute kennen wir den Rauch als aromatisches Konservierungsmittel, zum Beispiel für Wacholderschinken.

Als »Lebensbaum« wurde er schon im antiken Ägypten als Hilfsmittel für das Erreichen »der westlichen Gefilde« – so nannten die alten Ägypter das nachtodliche Leben – angesehen. Deshalb wurden Wacholderbeeren auf die Leinenstreifen gestreut, in die man die Mumien wickelte. Vermutlich war dabei auch die antibakterielle Wirkung von Bedeutung.

Hippokrates, der berühmte Arzt des griechischen Altertums, ließ in Athen große Wacholderfeuer abbrennen, um die Verbreitung der Pestseuche zu verhindern.

Wacholder wirkt, innerlich eingenommen, bei Magen-Darm-Beschwerden, bei Nierenerkrankungen und Hautleiden. Ein Absud, äußerlich angewendet, unterstützt auch das Abheilen von alten, entzündeten Wunden und hartnäckigen Geschwüren.

»Vor dem Holunder sollst du den Hut ziehen, vor dem Wacholder niederknien«, dieses Sprichwort zeigt, wie sehr die Kelten und Germanen den heiligen Lebensbaum verehrten. Neben der mächtigen medizinischen Wirkung hatte der Wacholderrauch auch eine große Bedeutung beim kultischen Räuchern, denn er verbreitet einen einzigartigen Schutz. Nichts vertreibt unerwünschte spirituelle Einflüsse so wirkungsvoll und nachhaltig wie Wacholderrauch. Außerdem klärt er den Geist und stärkt die spirituelle Kraft. Wacholderrauch wurde traditionell bei Ahnenritualen eingesetzt – also um in Kontakt mit den Vorfahren zu treten, diese zu ehren, aber auch, um von ihnen Hinweise und Ratschläge für die Gegenwart zu erhalten.

In Wales gehörte auf jedes Anwesen ein Wacholderbaum. Wurde dieser verletzt oder ging er ein, so waren die walisischen Kelten der Ansicht, daß dies der gesamten Familie schaden würde.

Die Germanen verwendeten bei ihren Bestattungsritualen Wacholderholz und gaben den Verstorbenen auch Wacholderzweige mit ins Grab. Viele Jahrhunderte lang wurde Wacholder auf Friedhöfen angepflanzt, um diesen Ort vor negativen Einflüssen zu schützen. Aus der germanischen Überlieferung stammt auch der bis in die heutige Zeit erhaltene Brauch Ställe und Vieh mit einem Weihrauch aus »neunerlei« Hölzern zu beräuchern. Damit sollen Krankheiten von Vieh und Hof ferngehalten werden.

Im Mittelalter wurden, wie im antiken Griechenland, in den von der Pest befallenen Ortschaften große Wacholderfeuer abgebrannt. Entsprechend den alten Überlieferungen, sollte Wacholderrauch auch vor Hexen, Kobolden und anderen bösen Geistern schützen und den Toten zur ewigen Ruhe verhelfen, sie also vom »Spuken« abhalten.

Noch zu Beginn des 20. Jahrhunderts wurden Räume

in öffentlichen Gebäuden mit Wacholder ausgeräuchert, wenn das Lüften wegen der winterlichen Kälte nicht ratsam erschien.

Alle Teile des Wacholders können verräuchert werden. Die frischen Triebspitzen verströmen beim Verbrennen einen aromatischen, unverwechselbaren Geruch, das Holz entwickelt eine sanftere Duftnote. Auch die Wacholderbeeren können verräuchert werden. Sie sind als Küchengewürz in guter Qualität erhältlich. In Osteuropa werden die Beeren manchmal noch als Weihrauchersatz verwendet. Das Wacholderharz duftet sehr angenehm, von allen Teilen des Wacholderbusches entfaltet es beim Räuchern die stärkste Wirkung und wird deshalb auch »deutscher Sandarak« genannt. Es duftet ähnlich wie Olibanum. Leider ist Wacholderharz selten und schwer erhältlich, denn der Baum sondert nur wenig davon ab.

Verwendete Teile:
Triebspitzen, frisch oder getrocknet, Holz, Beeren, Harz

Wirkung beim Räuchern:
Klärt den Geist und stärkt die Gedankenkraft; fördert den Kontakt zu den Ahnen; schützt vor negativen spirituellen Einflüssen; beruhigt kleine Kinder; lindert Schmerzen; desinfiziert, reinigt die Luft; konserviert Lebensmittel

Duftnote:
Triebspitzen: würziger, intensiver Waldrauch
Holz: warm, sanft, fein aromatisch
Beeren: sehr aromatisch, fruchtig-herb
Harz: feiner, intensiver Waldweihrauch

Vorsicht! Schwangere Frauen und Nierenkranke sollten Wacholderrauch meiden!

Ysop, *Hyssopus officinalis*

Für die Israeliten war der Ysop oder »Azob« eine heilige Pflanze. Tatsächlich wird er im Alten Testament elfmal erwähnt. Am bekanntesten dürfte der Vers aus dem 51. Psalm sein: »Begieße mich mit Ysop, und ich werde rein sein, wasche mich, und ich werde weißer sein als der Schnee.«

Zwar ist auch der Ysop ein Heilkraut, aber die Hebräer schätzten ihn mehr als kultische Mysterienpflanze, und als solche wurde er bei Ritualen zur Reinigung von Schuld, für Segnungen und zur seelischen Stärkung eingesetzt. Bei den Reinigungszeremonien für Leprakranke wurde Ysop in großen Mengen verräuchert.

Der Ysop ist eine Mittelmeerpflanze, hat sich aber schon früh auch an kühlere Regionen angepaßt. Obwohl er warme, sandige Standorte liebt, ist er auch winterhart. Der Ysop bildet dichte, blaublühende Polster.

Dioskurides, ein Arzt der griechischen Antike, widmet dem Ysop ein umfangreiches Kapitel. Aufgrund seiner schleimlösenden Wirkung ist Ysop ein Heilmittel für Lungen und Bronchien, aber auch für den Darm, und wird als Mundwasser bei Zahnfleischentzündungen und Zahnschmerzen verwendet. Den Rauch des Ysops bezeichnet Dioskurides als Heilmittel gegen »das Getöse in den Ohren«, diese Wirkung kann auch heutzutage von Interesse sein, denn Tinnitus ist ein mittlerweile weitverbreitetes Leiden, gegen das es nach wie vor kein Medikament gibt.

Schon früh wurde der Ysop in Klostergärten angebaut. Fromme Christen legten Ysopzweige in ihr Gesang- oder Gebetbuch – der intensive, fast strenge Duft sollte seine spirituelle Kraft entfalten und die Aufmerksamkeit beim Beten erhalten. Als Heilmittel blieb das Kraut vor allem bei Brustleiden geschätzt.

Ysoprauch hilft uns auch heute noch bei der Vergangenheitsbewältigung. Er erleichtert den wichtigen Schritt vom Schuldbewußtsein zur Verantwortung, löst von der schweren Erfahrung und zeigt neue Wege auf. Damit ist der Ysop nach wie vor eine der wichtigsten Räucherpflanzen für die persönliche Entwicklung des Menschen. Da der Ysoprauch Neuanfänge im Leben unterstützt, eignet er sich auch als Segens- und Schutzräucherung für kleine Kinder.

Verwendete Teile:
Blätter und Blüten

Wirkung beim Räuchern:
Klärt die Gefühle, hilft bei der Vergangenheitsbewältigung; hilft bei Schuldgefühlen, unterstützt Einsicht und Verantwortung; reinigt die Seele und unterstützt einen Neuanfang im Leben; segnet und schützt kleine Kinder; lindert Ohrgeräusche

Duftnote:
Würzig, intensiv, recht herb

Vorsicht! Menschen, die an epileptischen Anfällen leiden, sollten Ysoprauch meiden!

Zypresse, *Cupressus sempervirens*

Der »Baum des ewigen Lebens«, die Zypresse, war allen Völkern des Altertums heilig. In der altpersischen Mythologie symbolisierte die Zypresse die Anwesenheit des höchsten Gottes Ahura Mazdao und galt als Baum des Paradieses.

Tatsächlich können die Bäume bis zu zweitausend Jahre alt werden. Ursprünglich stammt die Zypresse aus Kleinasien, die Phönizier brachten sie in den Mittelmeerraum und pflanzten sie zuerst auf der Insel Zypern an. Heute gedeiht sie in allen warmen Mittelmeerregionen.

Bereits in einer mesopotamischen Keilschrift wird die Zypresse als Räuchermittel empfohlen. Im antiken Griechenland wurden Zypressenräucherungen als Heilmittel bei hartnäckigem Husten und Krämpfen der Atemwege – also Asthma –, für eine sanfte Geburt und zur Stärkung der Gebärmutter nach der Entbindung geschätzt. Zypressenwälder wurden damals auch als Erholungsgebiete für Tuberkulosekranke empfohlen.

Das harte Holz wurde bei Totenfeiern verräuchert, dabei dürfte auch die desinfizierende und insektenvertreibende Wirkung (die sich allerdings stärker beim Verräuchern des ätherischen Öles zeigt) des Rauches geschätzt worden sein.

Zypressenrauch hat aber schon von jeher eine zentrale Bedeutung bei kultischen Geschehnissen. Zypressenräucherungen wirken unterstützend bei Verlusten, Lebensprüfungen und bei Trauer. Dabei liegt die Betonung nicht allein auf der Linderung des seelischen Schmerzes, sondern auf der Erkenntnis des Sinns einer schmerzlichen Erfahrung, zu welcher der Zypressenrauch uns verhelfen kann.

Dieses Wissen hielt sich bis ins Mittelalter, und Hildegard von Bingen schrieb: »Die Zypresse birgt das Geheimnis Gottes und schützt vor Teufeln und Magie.« Die spirituelle Schutzwirkung des Zypressenrauches wird ebenfalls seit Jahrtausenden geschätzt. Als wesentlicher Bestandteil magischer Räuchermischungen sollte Zypressenholz die Konzentration des Menschen fördern und dadurch vor unerwünschten geistigen Einflüssen bewahren.

Aus frischen Zypressenzweigen lassen sich ganz einfach Räucherbündel schnüren, die unter lautem Knistern Feuer fangen und lichterloh brennen. Nachdem die Flammen ausgeblasen wurden, glimmen die Zweige lange weiter und verströmen mit dem feinen weißen Rauch ihren wunderbaren Duft und die heilende, tröstende und stärkende Wirkung.

Das Harz der Gliederzypresse, die in Nordafrika gedeiht, wird Sandarak genannt. Sandarak hat einen balsamischen Duft, verbrennt aber unter starker Rauchentwicklung. Bei Erkrankungen der Atemwege ist das Harz der Gliederzypresse deshalb zu meiden. Es wirkt beruhigend, entspannend und wohltuend und wird deshalb auch zur Förderung einer sanften Geburt eingesetzt.

Verwendete Teile:
Triebspitzen, Holz, Harz (Sandarak)

Wirkung beim Räuchern:
Triebspitzen und Holz: Lindert Schmerz und Trauer; för-

dert Einsicht in das Schicksal, läutert die Gefühle; führt zur Einheit mit dem Gottesbewußtsein; unterstützt einen Neuanfang im Leben; verhilft zu einer sanften Geburt, mildert Lungen- und Bronchialkrankheiten und Asthma
Sandarak: Entspannt, entkrampft, beruhigt

Duftnote:
Holz, Triebspitzen: fein, weich, frisch, balsamisch-streng
Sandarak: weihrauchartig, fruchtig, warm, weich

Pflanzen aus der Küche

Europäische Gewürze und Teedrogen:

Beifuß, Eisenkraut, Holunder, Kamille, Lavendel, Lorbeer, Minze, Rosmarin, Salbei, Thymian (Quendel), Wacholder, Ysop

Gewürze aus aller Welt:

Koriander, Nelke, Zimt (Cassia)

Sie möchten die ersten Experimente mit dem Räuchern machen, haben aber kein Räucherwerk im Haus? Kein Problem! Wenn Sie eine feuerfeste Schale oder Form besitzen, Streichhölzer oder zur Not ein Feuerzeug in der Schublade haben, dann müssen Sie nur noch an den Gewürzschrank gehen.

Mit Lorbeerblättern haben Sie bereits ein hochwirksames Räucherwerk im Haus. Getrockneter Thymian und Salbei vervollständigen die erste Räuchermischung. Vielleicht haben Sie auch ein Tütchen mit getrockneten Rosmarinspitzen. Sollten Sie einige Töpfchen mit frischen Kräutern auf der Fensterbank stehen haben, können Sie einige Zweige abschneiden und an der Sonne zumindest antrocknen – frisch würde nur Rosmarin ein befriedigendes Ergebnis beim Räuchern liefern. Wacholderbeeren finden sich vielleicht auch in Ihrem Küchenschrank, und diese ergeben ein intensives Dufterlebnis. Ysop ist bei uns weniger gebräuchlich, falls Sie ihn aber vorrätig haben, könnte er ebenfalls eingesetzt werden. Alle diese intensiv duftenden Kräuter können auch einzeln verräuchert werden.

Kamillenblüten, Minze und Eisenkraut haben Sie vielleicht als losen Tee im Haus. Pulverisiert in Teebeuteln sind die Kräuter normalerweise weniger zu empfehlen, weil dafür meist nur die Drogenreste vermahlen werden – aber für einen ersten Versuch reicht die Qualität aus, im schlimmsten Fall riechen Sie gar nichts.

Beim Verräuchern von Blüten über einer Feuerquelle darf man sich allerdings nicht zuviel erwarten. Meist entfaltet sich nur ein sehr feiner, schwacher Duft, der lediglich an die intensiv duftenden Blüten erinnert. Wenn Sie also etwas Holunderblütentee vorrätig haben, läßt sich auch dieser verräuchern. Vorsicht bei Eisenkraut! Meist wird nicht das europäische, sondern ein zitronig duftendes chilenisches Zitronenkraut (verbena odorata) angeboten, das sich nicht zum Verräuchern eignet. Wie alle Blüten entfaltet es als Essenz einen weitaus intensiveren Duft. Allerdings ist es gerade für die mittel- und nordeuropäischen Kräuter typisch, daß sie für ungeübte Nasen gar nicht intensiv duften, was aber die Wirkung des Räucherwerkes nicht beeinträchtigt. Wenn Sie der »Küchenmischung« aber etwas Salbei, Thymian oder Rosmarin beigeben, wird das Ergebnis Sie bestimmt zufriedenstellen.

Exotische Gewürze sind auch bestens geeignet. Zimtstangen sind beispielweise ein hervorragendes Räucherwerk, und zerstoßene Koriandersamen schmecken nicht nur in indischen Gerichten, sondern verleihen auch einer Räuchermischung orientalisches Flair. Wer noch Gewürznelken übrig hat, kann diese ebenfalls mit gutem Erfolg einsetzen, der leicht pfeffrige Duft ist sehr angenehm.

Vorteil der Küchengewürze ist, daß sie allesamt in Lebensmittelqualität, also meistens in hochwertiger Form und ohne chemische Zusätze erhältlich sind. Außerdem handelt es sich dabei um intensiv duftende Pflanzen, die Sie sehr gut auch einzeln verräuchern können – was ein guter Einstieg in die Welt der Düfte ist.

Schauen Sie einfach bei den Beschreibungen der einzelnen Räucherstoffe nach, ob Sie etwas davon in Ihrer Küche haben – dann können Sie gleich mit dem Räuchern beginnen!

Pflanzen aus dem Garten

Manche Staude und manches Wildkraut läßt sich auch zum Räuchern trocknen. Viele Pflanzen kann man auch leicht selbst anbauen.

Wenn Sie einen Garten bewirtschaften, haben Sie viele Möglichkeiten, Ihre Räucherpflanzen selbst zu ziehen oder anzubauen. Dies ist schon auf kleinstem Raum möglich, wenn Sie einen Naturgarten gestalten, denn viele der traditionellen Räucherpflanzen oder Heilkräuter sind sogenannte »Unkräuter«, die sich, je nach Gegend, auf einer Wiese oder unter einer Hecke verbreiten. Schafgarbe und Beifuß werden sich bestimmt schnell ansiedeln, denn sie gehören zu den segenbringenden Pflanzen, die den Menschen begleiten, fast jeder Witterung trotzen und keine großen Ansprüche an den Boden stellen. Natürlich kann es auch recht lange dauern, bis sich genau die Räucherpflanzen in Ihrem Garten einfinden, die Sie sich wünschen. Erfahrungsgemäß ist es das beste, einfach zu warten, denn was sich auf natürliche Weise aussät, paßt zum Klima, zur Bodenbeschaffenheit und zu den Lichtverhältnissen Ihres Grundstücks.

Wenn Sie sich also nach dem Studium der Räucherpflanzen zu einer besonders hingezogen fühlen, dann besorgen Sie sich eine Abbildung dieser Pflanze und visualisieren Sie diese immer wieder während Ihrer täglichen Meditation. Nach einiger Zeit – manchmal dauert es allerdings auch Jahre – wird genau diese Pflanze in Ihrem Garten Fuß fassen. Warum dauert es zuweilen länger, bis sich ein Kraut ansiedelt? Wenn die Lebensbedingungen der Pflanze eigentlich andere sind als die an Ihrem Wohnort oder wenn das Kraut in der freien Natur bereits recht selten ist, braucht es einfach länger, bis durch Vögel oder Wind entsprechende Samen abgelegt werden. Diese Vorgehensweise entspricht der Kräutermagie der abendländischen Tradition, und es kann sehr beglückend sein, wenn die Natur auf Ihre Wünsche und Bedürfnisse antwortet. Wenn Sie mit wachem Blick durch Ihren Garten gehen, werden Sie die Entdeckung machen, daß ein Ihnen bisher unbekanntes »Unkraut«, das überraschend sprießt, genau das Medikament ist, das Sie gerade brauchen.

Vielleicht wollen Sie aber schon etwas anbauen, bevor sich Ihre Pflanzenmeditation materialisiert, dann wird es am besten sein, sich nach einer Gärtnerei umzusehen, die diese alten Heilkräuter verkauft. Pflegen Sie die Pflanzen nach Vorschrift. Künstlich angebaute Kräuter brauchen sehr viel Fürsorge, um zu gedeihen. Manche Pflanzen werden einfach nicht anwachsen wollen, aber wenn Sie ausreichend Energie einsetzen, wird bestimmt die eine oder andere Räucherpflanze in Ihrem Garten gedeihen, die Sie sonst in der freien Natur hätten sammeln müssen.

Nach dem Ernten trocknen Sie die Kräuter und bewahren die Büschel an einem dunklen, kühlen, aber trockenen Ort (zum Beispiel ein gut isolierter Keller) auf. Dann haben Sie einen Vorrat an selbstangebautem Räucherwerk, auf den Sie während des ganzen Jahres zurückgreifen können.

Für den Anbau eignen sich:

Alant, Baldrian, Eisenkraut, Erdrauch, Johanniskraut, Kamille, Lavendel, Mädesüß, Minze, Rainfarn, Rose, Rosmarin, Salbei, Schafgarbe, Thymian (Quendel).

Schwieriger wird es mit Pflanzen, die viel Wärme brauchen, um zu gedeihen, wie Lorbeer, Mastix oder Myrte. Lavendel, Thymian und Salbei brauchen zwar auch viel Sonne, es gibt aber mittlerweile auch winterharte Sorten, die bei einiger Fürsorge gut im mitteleuropäischen Klima gedeihen. Wenn Sie sich für eine solche Pflanze entschieden haben, bietet es sich an, diese im Topf oder Kübel zu ziehen. In den kalten Monaten wäre für die Pflanzen ein Wintergarten ideal, zur Not tut es aber auch ein heller, klimatisch angepaßter Wohnraum. Auch dann müssen die Kräuter intensiv gepflegt werden. Leicht entwickeln solche »Stubenhocker« allerhand Krankheiten oder werden anfällig für Läuse und andere Parasiten. Wenn der Anbau der Pflanzen gelingt, können Sie auf diese Weise Räucherwerk aus eigener Herstellung verwenden. Das ist immer ein ganz besonderes Erlebnis, das jedes Ritual energetisch aufwertet.

Mit Bäumen sieht es noch einmal anders aus. Haben Sie einen Baum gesetzt, so wird er erst mit den Jahren kräftiger. Sie müssen also schon eine Weile warten, bis Sie Harz, Holz oder Rinde ernten können. Und gerade zu Beginn läßt es sich schwer sagen, ob Sie eine lebenslange Verbindung mit einem bestimmten Baumwesen eingehen wollen. Ist der Baum aber erst mal gepflanzt, läßt er sich nicht mehr ohne weiteres entfernen.

Eichen wachsen so langsam, daß erst die nächste Generation etwas von diesem Räucherwerk haben wird. Der Standort einer Eiche sollte wohlüberlegt sein, denn sie wurzelt tief und könnte Bauten oder andere Pflanzen der Umgebung beeinträchtigen – und das, lange bevor das äußere Erscheinungsbild der Eiche stattlich geworden ist.

Holunder gehört als Hausapotheke eigentlich zu jedem Haus. Allerdings braucht auch der Holunder sehr viel Platz. In seiner Umgebung wird nicht mehr viel gedeihen, wenn er erst kraftig geworden ist.

Esche oder Birke lassen sich noch verhältnismäßig leicht anbauen. Birken wachsen schnell. Eschen gedeihen vorzugsweise an Gewässern, wenn Sie also keines in der Nähe Ihres Gartens haben, dürfte es auch schwierig sein, diesen Baum wachsen und gedeihen zu lassen.

Da Wacholder unter Naturschutz steht und wildwachsende Büsche nicht mehr abgeerntet werden sollten, ist die Aufzucht im Garten oder in einem Kübel sehr sinnvoll. Die wohltuende Wirkung des Rauches wird Sie später für die Arbeit entschädigen.

Sie können auch versuchen, eine Zypresse im Kübel zu ziehen, sie braucht aber viel Wärme und gedeiht nur, wenn sie windgeschützt steht.

Anziehung einer gewünschten Pflanze:

Wenn Sie die ausführliche Beschreibung zu den Räucherpflanzen gelesen haben, werden Sie feststellen, daß Sie das eine oder andere Kraut mehr interessiert. Besorgen Sie sich aus einem Buch oder aus dem Internet eine Abbildung der Pflanze, und schauen Sie sich das Bild genau an. Besser ist es, wenn Sie einen Kräuter- oder Klostergarten aufsuchen, damit Sie die Pflanze auch in natura gesehen haben. Wenn Sie diese auch später in Ihrem Garten erkennen wollen, müssen Sie auch noch wissen, wie ihre ersten Blätter aussehen – sonst kann es passieren, daß Sie Ihre spirituell gezogene Pflanze versehentlich ausreißen. Allerdings funktioniert die Methode der geistigen Anziehung nur dann, wenn Sie in Ihrem Garten wirklich wildwachsenden Pflanzen Raum geben. Sonst ist die Gefahr zu groß, daß Sie beim Unkrautjäten das gewünschte Räucherwerk unwillentlich wegzupfen.

Ich mache seit Jahren die Beobachtung, daß sich die Art des Unkrautes, das sich in meinem Garten breitmacht, mit dem Zustand der Hausbewohner verändert. Vor fünf Jahren war mein Grundstück plötzlich übersät mit Johanniskraut, das ich vorher vergeblich versucht hatte anzubauen. Als ich genauer darüber nachdachte, stellte ich fest, daß mein Gemüt wirklich eine Aufhellung brauchte. Da ich die Botschaft der Pflanze verstanden hatte, fand ich im nächsten Jahr nur noch vereinzelte Johanniskrautstengel in meinem Garten. Die Botschaft des Rosmarins habe ich dagegen erst begriffen, als ich wirklich intensiv mit dem Räuchern begann. Vorher hatte ich mich über die zwei stattlichen Rosmarinbüsche, die im Kräuterbeet alle anderen Pflanzen verdrängten, nicht so recht freuen können. Unabhängig von Licht oder Wärme wurden sie von Jahr zu Jahr größer und stärker. Heute habe ich einen schier unerschöpflichen Vorrat zum Räuchern. Offenbar paßt Rosmarin am besten zu meiner gegenwärtigen Arbeitsweise!

Die Pflanzen in den Garten »einzuladen« ist bereits ein Teil des großen Räucherrituals. Deshalb folgt hier eine kleine spirituelle Übung.

Übung zur Einladung einer Pflanze in den Garten:

Setzen Sie sich morgens oder abends entspannt hin, schließen Sie die Augen, und erinnern Sie nun die entsprechende Pflanze, bis Sie diese ganz genau vor sich sehen.

Lenken Sie für einige Minuten die Aufmerksamkeit ganz auf diese Pflanze, und warten Sie, welche Gefühle oder Gedanken in Ihnen aufsteigen. Womöglich geschieht nichts dergleichen – das bedeutet aber nicht, daß die Pflanzenwesenheit Ihren Ruf überhört hat. Führen Sie diese Übung für einige Wochen durch, und beobachten Sie danach Ihren Garten!

Pflanzen aus der freien Natur

Wer in der Stadt wohnt und keinen Garten bewirtschaftet, hat bis auf einige Kräutertöpfchen auf dem Balkon oder der Fensterbank wenig Möglichkeit, seine Räucherpflanzen selbst zu ziehen.

Viele der Wildpflanzen lassen sich auch nicht ohne weiteres kultivieren. Von daher war es schon immer so, daß die wichtigsten Arznei- und Räucherpflanzen in der freien Natur gesammelt wurden. Sicherlich kannten unsere Vorfahren die Plätze, an denen beispielsweise Rainfarn oder Erdrauch besonders gut wuchsen, und sie werden diese Orte gezielt aufgesucht haben. Noch Anfang des 20. Jahrhunderts gehörte wenigstens ein Vorrat an getrockneten Kamillenblüten in jeden bäuerlichen Haushalt, und ich habe selbst noch miterlebt, wie im tiefsten Spessart kranke Hauskaninchen mit Beifuß behandelt wurden. Kamille wuchs früher am Rand der Getreidefelder, was heutzutage leider selten geworden ist, da die meisten Felder gegen »Unkraut« gespritzt werden. Tatsächlich ist wilde Kamille nur noch selten zu finden.

Beim Wandern oder Spazierengehen in der freien Natur Räucherwerk zu sammeln ist eine spirituell sehr spannende Angelegenheit. Allerdings ist es sinnvoll, an dem Tag, an dem Sie sammeln wollen, nicht zuviel Wert auf lange Wegstrecken zu legen. Zunächst müssen Sie sich eine Vorstellung von den Pflanzen gebildet haben, die Sie finden möchten. Da ist es wie sonst auch: Ohne Ziel kommen Sie nicht an. Wenn Sie sich noch nie mit der Thematik befaßt haben, kann es sinnvoll sein, erst einmal an einer geführten Kräuterwanderung teilzunehmen, um zu erfahren, welche Pflanzen in Ihrer Gegend überhaupt wachsen.

Auch beim Durchforsten Ihrer Gegend nach einer bestimmten Pflanze wäre es sehr gut, wenn Sie das Kraut bereits einmal richtig wahrgenommen hätten, denn je nach Standort kann das Aussehen variieren. Informieren Sie sich auch darüber, welche Bodenbeschaffenheit die gewünschte Pflanze liebt. Es hat wirklich keinen Sinn, eine Blume im dunklen Tannenwald oder eine Esche fernab vom Wasser zu suchen – es ist zwar alles möglich, aber wenig wahrscheinlich.

Am besten ist es, Sie lassen sich auf Ihrem magischen Kräuterspaziergang in Wald, Feld oder Wiese einfach treiben – laufen Sie einfach dahin, wo Sie sich hingezogen fühlen. Zuweilen gerät ein Mensch auch unbeabsichtigt in eine Situation, in der er zu einer bestimmten Pflanze geführt wird.

Eine Patientin erzählte mir folgende Geschichte: Sie hatte sich nach einer anstrengenden Arbeitswoche einen Wandertag gönnen wollen. Sie kannte die Gegend sehr gut und hatte sich auch keine große Tagestour vorgenommen. Außerdem hatten zwei Freundinnen, die ursprünglich mitlaufen wollten, kurzfristig abgesagt. Also startete sie allein und übersah, wahrscheinlich in Gedanken versunken, eine Wegkreuzung. Als sie den Irrtum wahrnahm, befand sie sich in einer ihr gänzlich fremden Ecke. Sie versuchte, querfeldein über eine Obstwiese abzukürzen, um wieder auf den gewünschten Weg zu gelangen, und stellte plötzlich fest, daß auf allen Apfelbäumen auf der

Wiese irgendwelche runden Pflanzen wuchsen. Teilweise hingen diese so tief, daß sie sie hätte pflücken können, wozu sie auch Lust hatte. Da sie aber weder wußte, worum es sich handelte, noch einen Behälter dabeihatte, um irgend etwas zu sammeln, widerstand sie dem Wunsch. Am Ende der Wiese fiel ihr eine dieser Pflanzen aber von selbst auf den Arm, und diese nahm sie auch mit. Zu Hause schaute sie in ein Kräuterbuch und fand heraus, daß es sich um Misteln gehandelt hatte. Das interessierte sie aber erst, als bei der nächsten Vorsorgeuntersuchung ein Knoten in ihrer Brust festgestellt wurde. Meine Patientin beschäftigte sich nun intensiv mit naturheilkundlichen Heilmethoden und bemerkte mit einiger Überraschung, daß genau diese Mistelart Inhaltsstoff eines Medikaments ist, das bei Brusterkrankungen gespritzt wird. Seitdem findet sie auf solchen magischen Streifzügen heraus, was sie an Medikamenten braucht – und ihr Arzt ist immer wieder überrascht, mit welchen Vorschlägen sie kommt.

Die Natur spricht immer zu uns, wenn wir nur bereit dazu sind, uns auf diese Kommunikation einzulassen.

Gerade an Bahndämmen oder Autobahnen finden sich viele interessante Kräuter. Zur innerlichen Anwendung sollten sicherlich nur Heilpflanzen gesammelt werden, die in einer möglichst sauberen Umgebung wachsen. Es gibt aber einige Räucherpflanzen, die in einer verstrahlten Umgebung wachsen, weil sie Schmutz und Strahlen verarbeiten können. Ich persönlich halte es für problemlos, diese Pflanzen für das Räuchern zu sammeln. Gemeint sind stark wirksame Kräuter wie Rainfarn, Beifuß und Johanniskraut, die auch in der Lage sind, Elektrosmog zu neutralisieren. Wer sich dabei aber nicht so sicher ist, der sollte sein Räucherwerk lieber im Wald und auf der Wiese sammeln.

Nehmen Sie nicht zu viele Pflanzenteile mit! Nutzen Sie lieber die Gelegenheit, zu einem späteren Zeitpunkt wiederzukehren. Bäume wollen ohnehin mit Respekt behandelt werden. Schälen Sie nur soviel Rinde ab wie unbedingt nötig. Wenn Sie Fichtenharz sammeln wollen, müssen Sie auch vorsichtig vorgehen, damit der Baum nicht noch weiter verletzt wird. Das Austreten des Harzes ist schließlich immer die Reaktion des Baumes auf eine Verletzung der Rinde!

Hier eine Übung, die Ihnen die Einstimmung auf einen Streifzug durch die Natur erleichtern kann.

Übung:

Suchen Sie für den magischen Kräuterspaziergang ein Waldstück aus, das Sie bereits gut kennen, damit Sie sich nicht verlaufen. Gehen Sie einfach entspannt los – ohne sich darum zu kümmern, wohin der Weg führt. Sollten Sie das Verlangen spüren, auf »ungebahnten« Wegen weiterzugehen, geben Sie dem unbedingt nach. Sobald ein Baum, ein Kraut oder ein Busch Ihnen auffällt – aus welchen Gründen auch immer –, halten Sie an. Sie sind am Ziel angelangt, auch wenn es sich nicht um eine der Pflanzen handeln sollte, die Sie ursprünglich gesucht hatten. Nehmen Sie sich einen Teil der Pflanze mit, und forschen Sie zu Hause nach, wie sie heißt und welche Eigenschaften sie hat. Wenn Ihr Fund angetrocknet ist, können Sie das Experiment starten und mit dem Räuchern beginnen – auch dann, wenn es sich um keine klassische Räucherpflanze handelt. Beobachten Sie, was mit Ihnen geschieht, während sich der Rauch kräuselt. Halten Sie Ihre Erfahrungen eventuell schriftlich fest – womöglich brauchen Sie diese Pflanze und ihre Wirkung zu einem späteren Zeitpunkt noch.

Räucherstoffe mit Einschränkungen

Räucherstoffe, deren Gebrauch gesetzlich eingeschränkt ist:

Amber, Ambra

Amber wird auf chinesisch »Drachenspeichel« genannt, was dem Ursprung recht nahekommt, denn Ambra ist ein Stoffwechselprodukt des Pottwals. Es bildet sich im Darm des Tieres, um Wunden zu heilen, die von den scharfen Zähnen aufgefressener Tintenfische, die nicht verdaut werden können, gerissen wurden. Anschließend scheidet der Wal die Ambra in großen Klumpen aus, und sie wird als Treibgut an den Strand geschwemmt. Dies geschieht auch heute noch, wenn auch selten, und daher ist Ambra auch nach wie vor erhältlich.

Seit Beginn der Räucherkultur ist Amber bekannt und begehrt, und Wale wurden auch erlegt, damit man an den kostbaren Räucherstoff kam. Aus Gründen des Artenschutzes wird eine weitere Verwendung von Ambra von vielen Menschen abgelehnt, denn die Pottwale sind mittlerweile vom Aussterben bedroht. Dennoch ist der Räucherstoff in Japan und in einigen arabischen Ländern noch erhältlich, allerdings ist er sehr teuer!

Verschiedene Räucherharzmischungen werden ebenfalls unter dem Namen angeboten, diese enthalten aber meist keine echte Ambra, sollen dem Duft aber ähneln. Hier ist Vorsicht geboten, denn oft wird ein synthetisch hergestellter Amber-Duftstoff beigefügt, der im Verdacht steht, gesundheitsschädlich zu sein, wenn er verräuchert wird.

Nicht zu verwechseln ist der Räucherstoff Ambra mit dem im Englischen gebräuchlichen Wort »amber« für Bernstein. Tatsächlich gibt es aber eine Bernsteinkiefer (Pinus succiniofera), deren Harz ähnlich wie Amber duften soll, wenn es verräuchert wird. Allerdings ist auch dieses Harz in Europa so gut wie gar nicht zu bekommen.

Warum wurde Ambra so geschätzt? Ambra enthält Pheromone, also Sexualduftstoffe, die eigentlich nicht als Geruch wahrnehmbar sind, aber dennoch sehr aphrodisisch wirken – also das sexuelle Verlangen wecken und steigern. Diese Wirkung war vom antiken China bis zu den Azteken, im Orient und im europäischen Altertum bekannt.

Amber wurde von Männern sogar als potenzsteigerndes Mittel verzehrt. Als Medikament wurde es bei Herzkrankheiten und bei Depressionen empfohlen.

Verräuchert, steigert Amber die Lebensenergie, hellt die Stimmung auf, wirkt tröstlich und sexuell erregend. Um diese Wirkung zu entfalten, wird nur sehr wenig Ambra benötigt, denn ausschließlich in schwacher Konzentration empfindet die menschliche Nase den Duft als angenehm.

Wer trotz allem einen Versuch mit echter Ambra machen möchte und den horrenden Preis nicht scheut, sollte auf japanische Qualität zurückgreifen, weil bei ihr am ehesten sichergestellt ist, daß es sich tatsächlich um Ambra handelt.

Verwendete Teile:
Der Amber des Pottwals

Wirkung beim Räuchern:
Steigert die Lebensenergie; hellt die Stimmung auf, tröstet; entspannt; weckt und fördert das sexuelle Verlangen

Duftnote:
Animalisch-warm, balsamisch, sinnlich, betörend

Moschus, *Moschus moschiferus*

Moschus ist ein Sekret aus der Geschlechtsdrüse des Moschushirsches. Um ihn zu gewinnen, muß man das Tier erlegen. Da Moschus seit Jahrtausenden einer der beliebtesten und begehrtesten Duftstoffe ist, das Tier aber interessanterweise niemals domestiziert wurde, ist der Moschushirsch mittlerweile vom Aussterben bedroht und steht unter Artenschutz. Auf legalem Weg ist der Duftstoff nicht mehr zu kaufen, aber auf dem Schwarzmarkt wird er nach wie vor zu horrenden Preisen gehandelt. Synthetisch hergestellte Moschussurrogate gibt es zwar in großem Ausmaß, sie stehen allerdings im Verdacht, gesundheitsschädlich zu sein, und sind fürs Räuchern ohnehin ungeeignet. Es ist ratsam, auf den Gebrauch des echten Moschus zu verzichten. Der Vollständigkeit wegen wird dieser geheimnisvolle Duftstoff, der seit Jahrtausenden das Gemüt der Menschen in unvergleichlicher Weise bewegt, hier dennoch beschrieben.

Das frische, unverdünnte Sekret riecht eher unangenehm nach Urin und etwas fäkalisch-süß. Wie bei Ambra entfaltet sich der warme, animalische, balsamische Duft erst in ganz starker Verdünnung. Außerdem haftet der Duft außerordentlich lange, weshalb sich der Duftstoff besonders für Parfums, Salben und Körperöle eignete. Zwar wurde das Sekret im antiken China auch als Heilmittel verwendet, aber die außerordentliche Beliebtheit des Duftes erklärt sich aus der stark aphrodisischen Wirkung – schließlich ist Moschus der Sexuallockstoff des Hirsches! Besonders Männer schätzten den Duft als Parfum, wahrscheinlich wegen der gewünschten Anziehung auf das weibliche Geschlecht. Der Überlieferung nach wirkt der Moschusduft tatsächlich sehr stimulierend und sexuell erregend. Ganze Paläste wurden verschwenderisch mit dem Moschusduft ausgeräuchert. Zwar wurde der kostbare Duftstoff auch in Totenzeremonien und zu kultischen Zwecken eingesetzt, aber dann eher als Beigabe zu einer Räuchermischung.

In der arabisch-moslemischen Kultur erlebte die Beliebtheit des Moschus einen weiteren Aufschwung, denn es war der erklärte Lieblingsduft des Propheten Mohammed. Er schätzte das Parfum so sehr, daß es üblich wurde, es dem Mörtel beizumischen, mit dem die Moscheen gebaut wurden. Aufgrund der geringen Flüchtigkeit des Moschus hielt und hält sich der Duft jahrhundertelang in den Mauern. Dort bildete sich mit dem täglich versprühten Rosenwasser eine ganz besondere »Duftmischung«. Eine so duftende Moschee war sicher ein Ort, an dem man sich wohl fühlte.

Verwendete Teile:
Das Sekret des Moschushirsches

Wirkung beim Räuchern:
Hellt die Stimmung auf; entspannt, entkrampft; weckt, fördert und steigert das sexuelle Verlangen

Duftnote:
Animalisch-warm, erdig, sinnlich, betörend

Dem Moschus ähnliche, aber legale Räucherstoffe:

Moschuskörner, *Hibiscus abelmoschus*

Als pflanzlicher Ersatz werden die Moschuskörner, des Bisamstrauchs (Hibiscus abelmoschus) angeboten. Das sind die Samen einer brasilianischen Hibiskusart. Auch ihnen wird in deutlich abgeschwächter Form eine lustfördernde Wirkung nachgesagt.

Verwendete Teile:
Samen

Wirkung beim Räuchern:
Entspannt; leicht aphrodisisch

Duftnote:
Moschusartig, süß, blumig schwer

Moschuskraut, *Adoxa moschatellina*

Auch Moschuskraut kann anstelle von Moschus eingesetzt werden. Dieses Kraut wächst in den feuchten Wäldern Mitteleuropas.

Verwendete Teile:
Blüten

Wirkung beim Räuchern:
Entspannt; leicht aphrodisisch

Duftnote:
Moschusartig, schwer, balsamisch-süß

Räucherstoffe, die giftig sind:

Alraune, *Mandragora officinalis*

Die Alraune ist die »Königin aller Zauberkräuter«, eine der ältesten magisch verwendeten Pflanzen. Ihre psychoaktive, schmerzstillende und aphrodisische Wirkung ist den Menschen schon länger bekannt als die des Bilsenkrauts – das belegen Funde uralter »Räucherkuchen« in Höhlen. Dem Räucherwerk wurden wegen des unangenehmen Geruchs der verräucherten Alraune manchmal auch Weihrauch und Myrrhe beigemischt. Und dies lange bevor die Geschichtsschreibung etwas von Handelswegen oder diplomatischen Kontakten wußte.

Die Alraune ist die magische Pflanze der weiblichen

Mysterien. Die früheste schriftliche Erwähnung dürfte eine Keilschrifttafel der Assyrer sein, aber auch im Alten Testament wird die Alraune mehrfach erwähnt. Die Frucht der Alraune, der Liebesapfel, wurde wegen seiner sexuell stimulierenden und potenzfördernden Wirkung in allen Kulturen geschätzt.

Die Alraune wurde als Schmerzmittel bei Zahnschmerzen, rheumatischen Beschwerden und bei Geburtskomplikationen eingesetzt, dabei war die Dosierung entscheidend, denn das Nachtschattengewächs ist hochgiftig! Um den magischen Gebrauch der Pflanze ranken sich sehr viele Sagen, und es gibt viele Überlieferungen. Die Essäer, eine religiöse Gruppierung des Judentums, schätzten ganz besonders die Anwendung der Alraune auf der spirituellen Ebene, bei ihnen lernte sie der römische Geschichtsschreiber Flavius Josephus (1. Jh. n. Chr.) kennen.

Die Alraune wurzelt sehr tief, und ihre Wurzeln haben die Gestalt kleiner Wesen, manchmal vieler, manchmal auch nur eines einzigen, die dafür um so beeindruckender ist. Der Pflanzengeist der Alraune ist so mächtig, daß alle Kundigen ein Gebet vor der Ernte und ein bedeutendes Opfer nachher empfahlen, damit beim Ausgraben der Wurzel keine Schmerzen oder Krämpfe auftraten. Generell wurden die ausgegrabenen Wurzeln wie Wesenheiten behandelt. Sie wurden entweder in kostbarem Wein gebadet oder, wie Hildegrad von Bingen es empfahl, zumindest eine Nacht in klares Quellwasser gelegt. Ägypter und Griechen schätzten die Pflanze insbesondere wegen deren sexuell stimulierender Wirkung.

In unseren mitteleuropäischen Breiten wachsen zwei Alraunenarten, die als männliche und weibliche Alraune bezeichnet wurden. Bei den Germanen war das Wort für die Seherin, die Alraune, und die Pflanze Mandragora gleich. Aus der germanischen Kultur hielt sich auch noch lange der Brauch, eine Alraune als guten Hausgeist zu halten. Die Wurzel wurde sorgfältig gepflegt, mit Kleidern versorgt und genährt und garantierte auf diese Weise Sicherheit und Leben.

Von den Essäern wurde sie beispielsweise eingesetzt, um »Besessene« zu heilen und um die umherirrenden Seelen Verstorbener auf den richtigen Weg zu bringen. Dieser geistige Schutz war neben der Gabe der Pflanze, das Tor zur »Anderswelt« zu öffnen, ausschlaggebend für die hohe Wertschätzung, die ihr in allen Mysterien des Altertums entgegengebracht wurde.

Im Mittelalter wurde eine Alraunenwurzel mit Gold aufgewogen, denn sie ist nicht leicht zu finden, und die Scheu vor dem mächtigen Pflanzengeist hielt die Menschen davon ab, die Alraune anzubauen, was durchaus möglich wäre. Allerdings liebt die Mandragora Wärme und wäre in kühleren Gegenden in einem Wintergarten besser aufgehoben.

Ohne kundige Führung und Unterweisung sollten Experimente mit der Alraune lieber unterlassen werden. Zu hoch dosiert führt der Rauch zur Raserei, dann zur Betäubung – in geringer Menge ist er schmerzstillend.

Zubereitungen mit Alraune sind nur mit ärztlichem Rezept legal zu erwerben. Die Früchte, auch Liebesäpfel genannt, werden überhaupt nicht verkauft, obwohl sie als ungiftig gelten. Wer wirklich mit der Alraune arbeiten will (bitte nach entsprechender Ausbildung!), dem bleibt nur der Ausweg, die Pflanze selbst zu ziehen.

Verwendete Teile:
Wurzel, Früchte

Wirkung beim Räuchern:
Wurzel: öffnet die Tür zur Anderswelt; schützt vor negativen spirituellen Einflüssen; fördert Visionen und Weissagungen; lindert oder betäubt (je nach Dosierung) Schmerzen
Frucht: stimuliert das sexuelle Verlangen, wirkt erregend, steigert die Lust und Potenz

Duftnote:
Unangenehm, verbrannt, modrig

Vorsicht! Schwangere, Kranke und Kinder sollten Alraune in jeder Form meiden!
Niemals in geschlossenen Räumen räuchern!
Alraune kann ernste gesundheitliche Probleme verursachen, auch in kleinster Dosierung!

Bilsenkraut, *Hyoscyamus niger*

Bilsenkraut ist, ähnlich wie Beifuß, ein fast über den gesamten Erdball verbreitetes Nachtschattengewächs. Jedenfalls finden sich Überlieferungen des Gebrauchs der Pflanze aus der assyrischen, babylonischen, ägyptischen, chinesischen, griechischen, römischen, keltischen und germanischen Kultur.

Bilsenkraut ist eine hochgiftige Pflanze, schon die Berührung – zum Beispiel beim Pflücken – kann zu gesundheitlichen Problemen führen. Geschätzt wurde sie wegen ihrer psychoaktiven Wirkung: Sie fördert Visionen und Weissagungen. Bilsenkraut öffnet die Tür zur Daseinsebene der Verstorbenen, öffnet das Dritte Auge und das Tor zur »Anderswelt«, wie die Kelten die geistige Realität nannten. Bilsenkraut schützt aber auch vor negativen spirituellen Einflüssen, was bei einer so tiefgehenden Wirkung auf das menschliche Bewußtsein als ein weiterer Vorteil angesehen wurde.

Bilsenkraut gehörte immer zu den magischen Kräutern, die eingesetzt wurden, wenn es um die spirituelle Einweihung ging; also nach einer Ausbildung zum Priester oder zur Priesterin, zum Schamanen, Heiler, Druiden oder Barden. In höherer Dosierung führt Bilsenkraut zu Lähmungserscheinungen bis hin zur Atemlähmung, und dieser Scheintod wurde bei den Einweihungsriten angestrebt. Zum einen, um den Prüflingen spirituelle Erlebnisse auf der anderen Seite der Wirklichkeit zu ermöglichen, zum anderen sollte der Tod, die Schwäche des Körpers überwunden werden, das heißt, der künftige Geistliche sollte auch in der Lage sein, wieder aus dem Rausch- und Lähmungszustand herauszukommen.

Bilsenkraut ist die magische Pflanze der männlichen Mysterien. Von den Jägern der Steppe wurde ein Zauber überliefert, mit dem die zu erlegenden Tiere magisch angezogen werden sollten, und in vielen Ländern wurde Bilsenkraut für »Regenzauber« eingesetzt – es scheint also ein völkerübergreifendes Wissen um die magischen Fähigkeiten dieser Pflanze gegeben zu haben.

Das berühmte Orakel von Delphi, die Priesterin namens Pythia, atmete Lorbeer- und Bilsenkrautrauch ein, um ihre Weissagungen zu empfangen. Die aphrodisische Wirkung des Bilsenkrauts wurde bei den dionysischen Mysterien genutzt. Tatsächlich steigert Bilsenkraut in geringen Mengen das sexuelle Verlangen, während jede Hemmung fällt. Nach Genuß kann nicht genau erinnert werden, was in dem ekstatischen Zustand geschehen ist. In größeren Mengen führt Bilsenkraut aber zu Wahnsinn und Raserei.

Bei den Kelten hieß das Bilsenkraut »Beleno« und war dem höchsten Gott, Belenos, geweiht. Es spielte auch eine wichtige Rolle bei den Feierlichkeiten zur mystischen Hochzeit zu Beltane. Bilsenkraut wurde nicht nur im offenen Feuer verräuchert, sondern auch dem Bier oder Met beigemischt, eine Sitte, die von den Germanen übernommen wurde. Vor Gerichtsverhandlungen der freien Germanen, dem Thing, tranken die Männer mit Bilsenkraut vermischten Met, damit sie anschließend das Recht erkennen und aussprechen konnten.

Im Mittelalter hielt sich das Wissen um die Wirkung dieses Krauts sogar noch im christlichen Abendland. Bis ins 16. Jahrhundert hinein sind Rezepte mit Bilsenkraut überliefert, welche Zahnschmerzen lindern sollten. Nach mehrmaligem Beräuchern des schmerzenden Zahnes oder nach der Verwendung einer Füllung aus Bilsenkraut und Wachs ließen die Schmerzen nach, und der Patient fühlte sich geheilt. In den mittelalterlichen Badestuben wurden Bilsenkrautsamen aufs offene Feuer gestreut. Die sexuelle Freizügigkeit, die in jenen Badestuben herrschte und schließlich zu ihrem Verbot führte, wurde durch den leichten Bilsenkrautrausch sicherlich noch verstärkt.

Den Kräuterfrauen, welche die medizinische Versorgung der Bevölkerung sicherstellten, war die spirituelle Wirkung dieser Pflanze bekannt. Schließlich galt Bilsenkraut als Teufelskraut, und manche sogenannte Hexe dürfte wegen ihres Bilsenkrautrausches verbrannt worden sein. Das hielt esoterische Zirkel aber zu keiner Zeit davon ab, weiter Rituale und Experimente mit Bilsenkraut zu veranstalten.

Als Tabakersatz und Rauschdroge hielt sich in England noch lange der Gebrauch des Bilsenkrautes, wo es auch unter dem Namen »Poison Tobacco«, also Gifttabak, bekannt war.

Bilsenkraut unterliegt in den meisten europäischen Ländern der Giftverordnung und ist auf legalem Weg nur über ein ärztliches Rezept erhältlich. Außerdem steht die Pflanze in Deutschland mittlerweile unter Artenschutz. Im Mittelmeerraum wächst sie noch wild. Dennoch sollte ohne kundige Anleitung nicht mit Bilsenkraut experimentiert werden! Die Vergiftungsgefahr und die Möglichkeit wahnhafter Rauschzustände ist zu groß.

Eine Überdosis Bilsenkraut ist tödlich!

Verwendete Teile:
Kraut, Blüten, Samenkapsel, Samen

Wirkung beim Räuchern:
Stark aphrodisisch; fördert Visionen, fördert das Weissagen; öffnet das Tor zur Anderswelt; schützt vor negativen spirituellen Einflüssen

Duftnote:
Wie verbranntes Laub

Vorsicht! Schwangere, Kranke und Kinder sollten Bilsenkraut in jeder Form meiden!
Niemals in geschlossenen Räumen räuchern!
Bilsenkraut kann ernste gesundheitliche Probleme verursachen, auch in kleinster Dosierung!

Verschiedene Anwendungen

Die folgende Auflistung ist nur eine grobe Beschreibung der einzelnen Wirkstoffe, aber damit können Sie auf einen Blick sehen, welche Pflanze für Ihr Räucherwerk in Frage kommt. Für genaue Hinweise lesen Sie die einzelnen Pflanzenbeschreibungen, und schlagen Sie in den entsprechenden Kapiteln nach. Speziell das Thema Gesundheit läßt sich in einem einzigen Überbegriff nicht ausreichend erläutern.

Verbesserung des Raumklimas:

Adlerholz, Alant, Beifuß, Bernstein, Eichenlaub, Eisenkraut, Johanniskraut, Kiefer, Koriander, Lavendel, Mistel, Myrte, Nelke, Rainfarn, Rosmarin, Wacholder, Weihrauch

Desinfektion im Krankenzimmer:

Alant, Bernstein, Fichte, Kalmus, Kampfer, Kiefer, Lavendel, Lorbeer, Opoponax, Rainfarn, Rosmarin, Salbei, Siambenzoe, Steppenbeifuß, Wacholder, Weihrauch, Zypresse

Trost:

Adlerholz, Alant, Copal, Eisenkraut, Galbanum, Guggul, heller Kalmus, Johanniskraut, Kamille, Kampfer, Koriander, Lavendel, Mastix, Myrte, Nelke, Opoponax, Rosmarin, Salbei, Siambenzoe, Steppenbeifuß, Sumatrabenzoe, Tanne, Tolubalsam, weißes Sandelholz, Weihrauch, Ysop, Zimt, Zypresse

Schutz:

Beifuß, Eichenlaub, Esche, Galbanum, Guggul, Johanniskraut, Kamille, Kiefer, Koriander, Lavendel, Lorbeer, Mistel, Nelke, Opoponax, Rosmarin, Salbei, Schafgarbe, Steppenbeifuß, Tanne, Wacholder, Weihrauch, weißes Sandelholz, Zypresse

Heilung:

Alant, Bernstein, Eisenkraut, Erdrauch, Fichte, Galbanum, Guggul, Holunder, Kamille, Kampfer, Kiefer, Koriander, Lavendel, Minze, Myrrhe, Myrte, Nelke, Opoponax, Perubalsam, Rainfarn, Rosmarin, Salbei, Siambenzoe, Steppenbeifuß, Sumatrabenzoe, Tanne, Tolubalsam, Wacholder, Weihrauch, weißes Sandelholz, Ysop, Zimt, Zypresse

Liebe:

Adlerholz, Johanniskraut, Kalmus, Koriander, Mädesüß, Minze, Mistel, Myrrhe, Myrte, Nelke, Perubalsam, Rosmarin, rotes Sandelholz, Schafgarbe, Sumatrabenzoe, Tolubalsam, Weihrauch, weißes Sandelholz, Zimt

Spirituelle Entwicklung:

Adlerholz, Beifuß, Bernstein, Erdrauch, Esche, Fichte, gelber Copal, Holunder; Kalmus, Kampfer, Lavendel, Lorbeer, Mädesüß, Mastix, Mistel, Myrrhe, Myrte, Opoponax, Perubalsam, Rosmarin, Salbei, Schafgarbe, Steppenbeifuß, schwarzer Copal, Tolubalsam, Wacholder, Weihrauch, weißes Sandelholz, Ysop, Zypresse

Konzentration, Gedankenklarheit:

Fichte, Guggul, heller Copal, Kalmus, Kampfer, Koriander, Lavendel, Mastix, Minze, Opoponax, Salbei, schwarzer Copal, Siambenzoe, Steppenbeifuß, Wacholder, Weihrauch

Wohlbefinden:

Adlerholz, Eichenrinde, Eisenkraut, Galbanum, gelber Copal, Guggul, heller Copal, Kamille, Kampfer, Kiefer, Lavendel, Mastix, Minze, Myrrhe, Myrte, Nelke, Opoponax, Rosmarin, rotes Sandelholz, Sandarak, schwarzer Copal, Siambenzoe, Sumatrabenzoe, Tanne, Weihrauch, weißes Sandelholz, Zimt

Entspannung:

Adlerholz, Bernstein, Galbanum, Guggul, Kamille, Kiefer, Lavendel, Minze, Myrrhe, Myrte, rotes Sandelholz, Sandarak, Sumatrabenzoe, Tolubalsam, Weihrauch, weißes Sandelholz, Zimt

Männer:

Alant, Bernstein, Eichenrinde, Kalmus, Lorbeer, Myrte, Weihrauch, weißes Sandelholz, Zimt

Frauen:

Beifuß, Bernstein, Galbanum, Holunder, Johanniskraut, Kiefer, Lavendel, Mädesüß, Myrrhe, Rainfarn, Salbei, Tanne, Zypresse

Kinder:

Holunder, Johanniskraut, Kiefer, Lavendel, Lorbeer, Mastix, Rainfarn, Schafgarbe, Tanne, Wacholder, Ysop

Überlieferte Räucherrezepte

Es gibt sie – bekannte und berühmte historische Rezepte, vom altägyptischen Kyphi bis zum Kirchenweihrauch. Leider sind sich die Geschichtsschreiber und Botaniker keineswegs sicher, ob die Pflanzen auch tatsächlich den Gewächsen entsprechen, die wir heute so benennen. Denkbar wäre auch, daß manche Sorten aufgrund von jahrtausendelangem Raubbau einfach vom Erdboden verschwunden sind – wie die legendären Waldbestände der Libanonzeder. Und auch die genaue Zusammensetzung wird fast nie angegeben. Sollten Sie also Ihr Räucherwerk nach diesen Angaben mischen wollen, nehmen Sie zunächst alles zu gleichen Teilen, und experimentieren Sie, ob Ihnen diese Duftmischung zusagt.

Das altägyptische Kyphi wird auch heutzutage noch angeboten. Durch die Entschlüsselung der Hieroglyphen konnte das Rezept überliefert werden. Es war im alten Ägypten so beliebt, daß es viele Varianten der Rezeptemischung gab – ähnlich wie zum Beispiel bei Lebkuchen. Jetzt haben Sie die Möglichkeit, nachzuprüfen, welches der traditionellen Kräuter in der Mischung, die Ihr Händler anbietet, tatsächlich enthalten ist.

Kyphi (Quelle: Papyrus Ebers):

trockene Myrrhe, Wacholderbeeren, Weihrauch, Zypergras, Mastixzweige, Bockshornklee, Kalmus, Rosinen, Styraxsaft

Im Alten Testament finden sich mehrere Rezepte für kultisches Räucherwerk und, wie im Hohenlied der Liebe, auch für Aphrodisiaka. Weil die Hebräer immer wieder Kriege führten, auswanderten (Ägypten) oder in Gefangenschaft gerieten (Babylon), hatten sie auch genaue Kenntnisse von den Traditionen der jeweiligen Kulturen. Auch der Staatsbesuch der sagenhaften Königin von Saba bei König Salomo dürfte die Kenntnisse der geheimnisvollen Düfte an dessen Hof noch vertieft haben.

Biblischer »heiliger« Weihrauch für Kulthandlungen, (Exodus 30,34):

Onycha (wahrscheinlich Balsam), Stakte, Galbanum, Olibanum

Biblisches »Freudenöl«, (Psalm 45,9):

Myrrhe, Aloe, Cassia

Für den christlichen Kirchenweihrauch gab es zwar eine festgeschriebene Rezeptur, aber je nach Geldbeutel der Gemeinde oder dem kultischen Anlaß unterlag die Mischung vielen Abwandlungen. Das dürfte auch heute noch so sein.

Weihrauch der römisch-katholischen Kirche:

- 1 Teil Styrax
- 4 Teile Benzoe
- 10 Teile Olibanum

Weihrauch der griechisch-orthodoxen Kirche:

Mastix, Weihrauch aus Smyrna, Aloe, Thymian, Fichtenharz, Olibanum

Legendär ist das Geschenk der drei Weisen aus dem Morgenland. Sie brachten dem neugeborenen Jesus Gold, Weihrauch und Myrrhe. Myrrhe war davon das teuerste Geschenk, es wurde um ein Vielfaches mit Gold aufgewogen, denn es handelte sich um das beliebteste Räucherwerk des Altertums. Myrrhe war der weiblichen Göttin geweiht, Weihrauch dem männlichen Aspekt der Gottheit. Beide Bäume symbolisierten das tiefste Mysterium des Altertums und bildeten gemeinsam das heiligste Räucherwerk, das zum Beispiel für das Ritual der »mystischen Hochzeit« gebraucht wurde. Diese Kulthandlung sollte die weibliche und die männliche Seite der Schöpfung in Einklang bringen. Das Geschenk an den kleinen Jesus hatte also einen tiefen Symbolgehalt. Zu Beginn der christlichen Tradition wurden Myrrhe und Weihrauch noch zu gleichen Teilen verräuchert, je mehr aber die männliche Seite der Gottheit betont wurde, um so üblicher wurde es, Weihrauch allein zu verräuchern.

Kultisches Räucherwerk für die »Mystische Hochzeit«:

Weihrauch und Myrrhe zu gleichen Teilen

Das Rezept für das Räucherwerk des Orakels von Delphi ist nicht bekannt, aber es gibt vage Hinweise griechischer

Geschichtsschreiber, die auf mögliche Inhaltsstoffe deuten. Das folgende Rezept ist die wahrscheinlichste Variante dieser Räuchermischung. Lorbeer war ganz sicher dabei, es wird ausdrücklich genannt, aber das allein ruft keine Visionen hervor. Myrrhe fehlte in der damaligen Zeit bei keinem wichtigen, spirituellen Ritual und war aus kultischen Gründen wahrscheinlich Bestandteil der Mischung. Bilsenkraut war sehr wahrscheinlich eine weitere Zutat.

Vermeiden Sie es lieber, mit diesem Rezept zu experimentieren! Ohne langwierige spirituelle Ausbildung, wie sie die Priesterinnen des Orakels von Delphi absolviert hatten, kann Bilsenkraut ernste gesundheitliche Probleme hervorrufen.

Räucherrezept des Orakels von Delphi:
Lorbeerblätter, Myrrhe, Bilsenkrautsamen

Mohammeds beliebtestes Räucherwerk war der Moschus, von dem es heißt, er sei beim Bau der antiken Moscheen in den Mörtel gemischt worden, damit sein lange anhaltender Duft noch nach Jahrhunderten seine Wirkung entfalte. Folgendes Rezept entstammt ebenfalls der moslemischen Tradition, die Weihrauch im Alltag aber niemals zu kultischen Zwecken verwendete, um sich dadurch von der »heidnischen« Tradition abzugrenzen. Myrrhe dagegen sei geeignet, den Islam in die Herzen der Menschen zu pflanzen.

In der islamischen Tradition geschätztes Räucherwerk:

Moschus, Myrrhe

Moslemisches Räucherwerk aus Südostasien, das hilft, die Seelen in den Himmel zu erheben:

Aloeholz, Sandelholz, Siambenzoe, Patchouli

Aus Mesopotamien, der ältesten – uns bekannten – Hochkultur der Menschheit wurde das Gilgamesch-Epos überliefert, das Hinweise auf damals verwendete Räucherstoffe gibt. Die Mesopotamier kannten und verwendeten alle kostbaren Räucherstoffe der damaligen Zeit, liebten aber ganz besonders den Duft der Libanonzeder.

Mesopotamische Räuchermischung, (Gilgamesch-Epos):

Kalmus, Libanonzeder, Myrte

Indien und Sandelholz – zwei untrennbare Begriffe. Sandelholz ist das beliebteste Räucherwerk Indiens, hat sich aber in die gesamte Welt verbreitet. Die indische Myrrhe heißt Guggul, wird aber indischer Weihrauch genannt. Sowohl für kultische Zwecke als auch für aphrodisische Künste kannten die alten Inder eine Vielzahl von Duftmischungen.

Das beliebteste indische Räucherwerk ist Sandelholz.

Indische Weihrauchmischung für kultische Zwecke:

Guggul, Benzoe, Sandelholz

Räuchermischung aus dem Kamasutra:

Sandelholz, Adlerholz, Jasminöl, Rosenwasser

Die wichtigste Räucherpflanze der nordamerikanischen Indianer ist der Steppenbeifuß. Er wurde sowohl zur Heilung als auch zu kultischen Zwecken verräuchert, und die Schwitzhütte diente der Gesundheit und war auch als spirituelle Erfahrung gedacht.

Indianische Schwitzhütte:

Steppenbeifuß und Douglastanne

Das Kräuterbüschel aus neun Kräutern stammt aus der germanischen Tradition. Die Neun war die heilige Zahl der Germanen. Es war eine weitverbreitete Sitte, diese Kräutermischung immer im Haus vorrätig zu haben und bei Bedarf abzubrennen. In abgelegenen, dörflichen Gegenden hielt sich der Brauch noch bis ins 20. Jahrhundert, wobei die Mischungen vermutlich je nach Gegend variierten. Überliefert ist auch eine sehr alte Holzmischung für das Notfeuer, das vermutlich zunächst kultischen Charakter hatte, später aber nur noch in Notzeiten, zum Beispiel bei Viehseuchen, entfacht wurde. Das kranke Vieh wurde durch dieses Feuer hindurchgetrieben, damit es wieder gesund werde.

Neunerlei Kräuterweihrauch aus Deutschland:

Alant, Wasserdost, Baldrian, Beifuß, Eberraute, Wermut, echtes Labkraut, Alpranken, Rainfarn

Neunerlei Kräuterweihrauch aus Deutschland:

Vermutlich ist dies ein jüngeres Rezept, denn Salbei wurde erst ab dem 8. Jahrhundert in Deutschland angebaut. Beifuß, Eisenkraut, Salbei, Königskerze, Melisse, Alantwurzel, Johanniskraut, Schafgarbe, Minze, Kamille

Eventuell wurden noch Fichtenharz oder Wacholderbeeren hinzugefügt, um den Duft zu verändern.

Neunerlei Hölzer für das Notfeuer:

Kirsche, Pflaume, Birne, Apfel, Tanne, Kiefer, Birke, Linde, Weide (für die Holzmischung gibt es unzählige Varianten!)

Leider sind uns keine schriftlichen Überlieferungen von Rezepten für keltische Räuchermischungen bekannt. In den Volksbräuchen ist diese Kultur aber noch sehr gegenwärtig. Folgende Mischung, die aus sieben Kräutern besteht, dürfte aber sehr alter, keltischer Herkunft sein, denn die keltischen Zahlen waren die Sieben und die Drei.

Wetterfeuer zur Neutralisierung eines drohenden Unwetters:

Johanniskraut, Beifuß, Wetterkerze, Eisenkraut, Schafgarbe, Rainfarn, Eichenlaub

Wie entwickle ich ein eigenes Räucherrezept?

Wie sind eigentlich all die traditionellen Räuchermischungen entstanden? Vermutlich hatten unsere Vorfahren noch einen gänzlich anderen Zugang zu den verschiedenen Pflanzenwesenheiten, denn obwohl Erfahrungen sicherlich eine wichtige Rolle spielten, kann der Gebrauch bestimmter Heilkräuter oder Räucherpflanzen nicht allein darauf beruhen.

Sicherlich gibt es heutzutage noch den einen oder anderen, der die Wirkungsweise einer Pflanze tatsächlich an ihrer Aura wahrnehmen kann, aber solche Begabungen sind sehr selten geworden. Auf den Erfahrungsschatz einer Familie oder eines Dorfes können wir auch nicht mehr zurückgreifen, weil das Räuchern schon seit einiger Zeit nicht mehr zum Alltagsleben gehört.

Zunächst ist es gut, sich theoretisch mit den hier vorgestellten Räucherpflanzen zu beschäftigen, denn es gibt eine Vielzahl einheimischer Pflanzen, die zum Räuchern geeignet sind.

Über ihre Wirkung auf die Seele, die Gedankenwelt oder den Körper eines Menschen läßt sich nach jahrtausendelanger Beobachtung einiges sagen, allerdings haben die Menschen des dritten Jahrtausends weder den gleichen Körper noch die gleichen Anlagen wie unsere Vorfahren. Unsere Fähigkeit, Gerüche wahrzunehmen, ist eher verkümmert, wir brauchen also zunächst sehr starke Reize, um überhaupt wieder bewußt zu riechen. Zwar wirken Gerüche, wie eingangs geschildert, sehr wohl und gerade auch, weil sie uns nicht bewußt sind, aber es gibt keine Duftkultur mehr und nur wenige Orte, die mit einer bestimmten Absicht beduftet werden.

Bei der Herstellung einer Räuchermischung spielen auch individuelle Komponenten eine Rolle, denn was den einen entspannt, hat auf jemanden anderes überhaupt keine Wirkung. Welches Räucherwerk wie auf Sie einwirkt, das können Sie tatsächlich nur über Experimente herausfinden.

Wählen Sie zunächst Pflanzen, die beim Räuchern recht ausgeprägt duften. Plündern Sie dafür ruhig Ihren Gewürzschrank. Getrocknete Kräuter verlieren nach einiger Zeit der Lagerung ihr Aroma als Würzmittel, aber sie sind dann durchaus noch als Räucherwerk geeignet. Mit Salbei, Zimtrinde oder Lorbeerblättern lassen sich sehr gut erste Versuche machen. Wenn nach der Lektüre der vorangegangenen Kapitel eine Pflanze Sie besonders interessiert, dann besorgen Sie sich diese. Vielleicht suchen Sie eine Pflanze auch nach ihrer Wirkung beim Räuchern aus, zum Beispiel um abends besser entspannen zu können, für spirituelle Rituale, zur Unterstützung bei einem gesundheitlichen Problem oder zur Steigerung der Liebeslust.

Verräuchern Sie die Pflanzen einzeln, und sammeln Sie Erfahrungswerte. Erst wenn Sie mit einem Duft die gewünschte Wirkung erreichen und er Ihnen wirklich angenehm ist, haben Sie das Richtige gefunden! Bei teurem Räucherwerk wie Myrrhe oder Olibanum, Copal oder Benzoe empfiehlt es sich ohnehin, kleine Mengen einzukaufen. Auf diese Weise vermeiden Sie ungewollte Vorräte an Räucherwerk, das Sie gar nicht mehr verwenden wollen. Allerdings ist der Duft dieser wohlriechenden Harze den meisten Menschen angenehm.

Für ein Duftexperiment sollten Sie sich schon ein wenig Zeit nehmen – Hektik und Hetze stehen der Erfahrung, die Sie machen wollen, eher im Weg. Erinnern Sie sich, daß der Riechnerv als einziger nicht über unsere bewußte Schaltstelle im Gehirn, den Thalamus, läuft, sondern direkt in das limbische System. Um auf diese Wahrnehmungsebene umzuschalten, brauchen Sie zumindest ein wenig Ruhe. Lassen Sie Gefühle aufsteigen und körperliche Erfahrungen einfach geschehen, um möglichst unbefangen beobachten zu können! Wenn Sie erlebt haben, wie der jeweilige Duft auf Sie wirkt, können Sie zum nächsten Schritt übergehen und das Räucherwerk bewußt einsetzen, um eine bestimmte Stimmung oder einen körperlichen Zustand zu erzeugen. Wenn Ihnen manche Düfte einfach nicht zusagen, beruht dies auch auf unbewußt gemachten Erfahrungen, die, weil sie sich im ältesten Teil des menschlichen Gehirns verankert haben, nicht so leicht zu überwinden sind. Wer als Kind eher negative Gefühle mit dem Kirchgang verbunden hat, der wird auch lange Zeit eine unüberwindliche Abneigung gegen Kirchenweihrauch haben.

Verwenden Sie zum Räuchern jeweils nur eine Prise bzw. die geringstmögliche Menge, und lassen Sie die feine Rauchwolke aufsteigen. Wollen Sie im Anschluß noch mit einem anderen Räucherwerk experimentieren, sollten Sie ausreichend lüften, während Sie Ihr Räuchergefäß von den Rückständen befreien, damit in Ihnen Raum entsteht für eine neue Erfahrung.

Sie können nun ein eigenes Rezept nach Ihren persönlichen Vorlieben zusammenstellen, indem Sie beginnen, die Ihnen angenehmen Duftnoten zu mischen. Kombinieren Sie am Anfang nicht mehr als drei Substanzen in einer Mischung. Es ist noch ein langer Weg, bis Sie eine wirklich gelungene Komposition aus sieben Kräutern, Hölzern oder Harzen zusammenstellen. Mit drei Komponenten werden Sie weniger Fehler machen und die Wirkung auch besser einschätzen können.

Haben Sie dann eine Mischung gefunden, die genau Ihren Vorlieben entspricht, dann wäre dies Ihre erste »Wohlfühlmischung«, die Sie immer dann verräuchern können, wenn Sie einfach entspannen und genießen wollen.

Die zweite Möglichkeit ist, daß Sie mit Ihrer Räucherung eine bestimmte Wirkung erzielen möchten, wie beispielsweise die atmosphärische Reinigung einer neuen Wohnung, die Förderung der Konzentration in einer Zeit erhöhter Arbeitsanforderung oder eine bestimmte gesundheitliche Wirkung. Forschen Sie zuerst, welche Substanzen die angestrebte Wirkung erzielen. Je nach Verfügbarkeit und Vorliebe können Sie diese Pflanzen mischen und mit der Wirkung experimentieren. Wenn eine Pflanze nach dem Erfahrungswert die Gedanken klärt und eine andere das positive Denken fördert, so wäre das eine gelungene Kombination. Mischen Sie dann noch eine kleine Menge wohlriechendes Harz hinzu, und schon haben Sie eine individuelle Mischung. Die Energie, die Sie während des Lesens und während Ihrer Räucherversuche investiert haben, zeigt sich später darin, daß Ihr Räucherwerk viel intensiver auf Sie wirkt als jede gekaufte Mischung.

Ein nicht zu unterschätzender Vorteil ist, daß Sie auch ganz genau wissen, was Sie gemischt haben. Gekauftes Räucherwerk kann immer eine Substanz enthalten, die Ihnen nicht bekommt, oder es ist womöglich mit synthetischen Duftstoffen hergestellt, die mit Sicherheit keine geistige Wirkung erzeugen – wenn diese Mischungen überhaupt noch Wohlgeruch ausströmen.

Eine Freundin hatte ein teures Räucherwerk gekauft, um eine atmosphärische Reinigung ihrer neuen Wohnung vorzunehmen. Die Wohnung entsprach genau ihren Wünschen, aber von Anfang an spürte sie, daß da irgend etwas »nicht stimmte«. Sie wollte die sehr schöne und preisgünstige Wohnung unbedingt behalten und hatte einige Hoffnung auf das Räuchern gesetzt – es zeigte aber auch nach wiederholtem Anwenden keinerlei Wirkung. Nach wie vor hatte meine Freundin den Eindruck, daß eine unerwünschte Anwesenheit sie in ihrer Wohnung störte. Schließlich brachte ich ihr ein Bündel Salbei, Rosmarin und Beifuß aus eigener Ernte mit. Wir verräucherten den Salbei zunächst allein, aber nach einer kurzen Besserung war alles wieder beim alten. Schließlich mischten wir die drei Kräuter, und nach dreimaligem Räuchern war Ruhe in der Wohnung eingekehrt. Nachforschungen ergaben, daß der Vormieter drogenabhängig gewesen war und in seiner Wohnung mit Drogen gehandelt hatte – deshalb war ihm gekündigt worden. Nach der atmosphärischen Reinigung mit den drei Kräutern war auch der letzte Rest der dicken Luft verflogen.

Es ist besonders spannend, mit den mitteleuropäischen Kräutern zu experimentieren, die zwar wenig Duft entfalten, aber um so mehr geistige oder emotionale

Wirkung haben. Leider hielt ich mich beim Experimentieren nicht immer an das bewährte Verfahren, die Kräuter zuerst einzeln anzuwenden. Da ich mir Aufschluß über eine schwierige Lebenslage erhoffte, mischte ich Erdrauch, Esche und Mistel. Dies sind drei Kräuter aus der keltischen Tradition, die sich ganz hervorragend zur Unterstützung von Visionen, spirituellen Erkenntnissen und Wahrträumen eignen. Wie erwartet, ergab die Mischung so gut wie gar keinen Duft. Ich fühlte mich danach aber gut und so entspannt, daß ich bald einschlafen konnte. Ein äußerst intensiver Traum gab mir schließlich auch die gewünschte Erkenntnis über die gegenwärtigen Schwierigkeiten. Sonderbar genug erging es mir am folgenden Tag. Ich dachte zunächst gar nicht mehr an die Räucherung, wollte viele Besorgungen machen und wurde dabei ständig angerempelt oder in der Warteschlange übergangen. Erst als eine Kassiererin etwas unwillig erklärte: »Ich habe Sie doch eben gar nicht gesehen«, erinnerte ich mich daran, daß ich am Tag zuvor Misteln verräuchert hatte. Zwar ist die »Tarnkappe«, also das Unsichtbarwerden, nicht die einzige Wirkung der Mistel, aber ich hatte die Räucherung als spirituelles Ritual praktiziert, und dabei hatten sich genau diese Fähigkeiten der Pflanze entfaltet.

Eine eigene Räuchermischung entwickeln:

- Verräuchern Sie zunächst die Pflanzen, von denen Sie sich angesprochen fühlen, einzeln, und beobachten Sie die Wirkung.
- Stellen Sie dann jeweils zwei Substanzen, die sich in der gewünschten Wirkung oder Duftnote ergänzen, zusammen, und fügen Sie ein wohlriechendes Harz hinzu. Experimentieren Sie mit der Wirkung der Räucherung. Sollte Ihnen dieses Ergebnis nicht zusagen, tauschen Sie jeweils eine Komponente aus, bis Sie mit dem Duft und seiner Wirkung zufrieden sind.
- Notieren Sie sich das Ergebnis!

Räuchern für die atmosphärische Reinigung

Bei der atmosphärischen Reinigung von Orten wird mit einem geeigneten Räucherwerk eine schlechte Stimmung vertrieben. Diese negative Schwingung kann verschiedene Ursachen haben. Streit, Auseinandersetzung und Verzweiflung, also seelische Zustände, die oft genug mit dem Ende einer Liebesbeziehung oder familiären Auseinandersetzungen einhergehen, hinterlassen seelisch eine »dicke Luft«. Betritt eine Person danach den Raum, wird sie sich sicherlich unwohl darin fühlen, selbst wenn ihr gar nicht bewußt ist, warum. Aber auch für die Betroffenen wird das Problem gewissermaßen in dem Zimmer hängenbleiben – ein Grund, warum Menschen oft Jahre nach einer Scheidung immer noch in den »alten Geschichten« leben und keinen Neuanfang machen können. Für letzteres gibt es sicher viele Gründe, aber die atmosphärische Vergiftung eines Raumes gehört dazu.

Eine solche Situation schilderte mir recht verzweifelt eine geschiedene Mutter von zwei Kindern. Sie hatte aus finanziellen Gründen die Wohnung nicht wechseln können, und auch für eine neue Ausstattung fehlte das Geld. Sie spürte sehr wohl, daß, drei Jahre nachdem ihr Exmann ausgezogen war, immer noch die alte Stimmung vorherrschte. Selbst die Kinder wurden immer noch zu der Uhrzeit unruhig, zu der ihr Vater früher schlecht gelaunt von der Arbeit nach Hause gekommen war. Ich riet der Frau zu einer Reinigungsräucherung, die sie an drei aufeinanderfolgenden Tagen vornahm. Da es der Dame an Erfahrung und auch an finanziellen Mitteln für teures Räucherwerk fehlte, führte sie die Räucherung mit getrocknetem Salbei aus dem Supermarkt durch. Nach den drei Tagen fühlte sich die Atmosphäre deutlich besser an. Zum ersten Mal spielten die Kinder ganz friedlich weiter und schienen sich überhaupt nicht mehr daran zu erinnern, daß um fünf Uhr nachmittags immer Streit in der Wohnung geherrscht hatte. Ich empfahl der Frau anschließend eine besonders lieblich duftende Blütenessenz, wie etwa Rose, zum Aufhellen der Stimmung – ein Versuch, den die Dame nach dem ersten Erfolg gerne machen wollte.

Viele Erwachsene kennen das sonderbare Empfinden, am Ort der Kindheit seelisch wieder klein zu werden und sich wieder so ausgeliefert zu fühlen wie ein hilfloses Kind. Kindheitszustände müssen zwar nicht immer unangenehm sein, sie entsprechen aber nicht dem gegenwärtigen Reifezustand und können einen Besuch im Elternhaus sehr erschweren. Hier läßt sich eine Räucherung natürlich nicht ohne weiteres durchführen – aber ein Räucherstäbchen läßt sich doch recht unkompliziert abbrennen.

Wird eine Wohnung oder ein Haus bezogen, das vorher andere Mietparteien beherbergte, ist eine atmosphärische Reinigung des Ortes immer angebracht, auch wenn keine spektakulären Ereignisse in den Räumen stattgefunden haben. Eine Räucherung dient dann einfach dazu, die Atmosphäre leer zu räumen, ganz genau so, wie der Vormieter beim Auszug seinen persönlichen Besitz fortgetragen hat.

Noch wichtiger wird die Räucherung zur Bereinigung der Atmosphäre, wenn ein möbliertes Zimmer oder eine solche Wohnung bezogen wird. Eine Räucherung kann eine vorherrschende unpersönliche oder ungemütliche Stimmung sofort umwandeln.

Ein junger Mann war für seine erste Arbeitsstelle weit weg von seinem Heimatort gezogen – eine Situation, die er nicht nur freudig begrüßt hatte, auch wenn ihn das Neue reizte. Seine kleine Wohnung empfand er nach dem weiträumigen Elternhaus auch nicht als angenehm. Aus dem Garten seiner Eltern pflückte er verschiedene Kräuter und stellte sich, zusammen mit Olibanum, eine Räuchermischung her, die er jeden Abend, wenn er nach Hause kam, verräucherte. Schon bald fand er seine kleine Wohnung urgemütlich, und die neuen Freunde, die ihn besuchten, teilten seine Meinung.

Wenn Sie einen kranken Menschen pflegen, ist das Räuchern eigentlich immer angebracht. Ätherische Öle haben eine stark desinfizierende Wirkung auf die Raumluft, was eine äußerst wünschenswerte Eigenschaft ist, denn dadurch wird Ansteckung vermieden. Außerdem kann das Räucherwerk den Kranken seelisch aufmuntern oder seine Entspannung und den Schlaf fördern. Geeignete Kräuter finden Sie in dem Kapitel »Räuchern für Stärkung und Genesung« ab Seite 231.

Verstirbt ein Mensch nach längerer oder schwerer Erkrankung in seiner Wohnung oder seinem Haus, sollte zur Reinigung der Atmosphäre eine umfangreiche Räucherung in Verbindung mit einem Ritual vorgenommen werden. Es kann auch hilfreich sein, ein Ritual mit entsprechendem Weihrauch, der speziell für den Verstorbenen gemischt wurde, zu zelebrieren. Meist wird erst dann die Luft wieder richtig »frei«. Sollten Sie also mit einer einfachen Reinigungsräucherung in einer neuen Wohnung einfach kein gutes Ergebnis erzielen, ist es immer sinnvoll, das zu bedenken. Dieser Fall ist gar nicht so selten – viele Menschen sterben einsam in ihrer Wohnung, aber da der Tod in unserer Gesellschaft ein Tabuthema ist, werden Sie fast nie vorab eine Information darüber erhalten.

So wurde einer alleinstehenden Dame über einen Makler eine sehr gut gelegene Wohnung zu einem so erstaunlich günstigen Mietpreis angeboten, daß sie schließlich nachfragte, ob es etwas Besonderes mit der Wohnung auf sich habe. Sie erfuhr nur, daß die Wohnung lange leer gestanden habe. Schließlich entschied sie sich einzuziehen, weil sie auch bei der Besichtigung nichts an der vorbildlich renovierten Wohnung hatte aussetzen können. Von den anderen Hausbewohnern erfuhr sie später, daß ihr Vormieter, ein verschrobener älterer Herr, einige Monate davor in der Wohnung verstorben sei. Man habe die Leiche erst nach mehreren Tagen entdeckt, und danach sei die Wohnung zwar gründlich renoviert worden, aber sie habe niemandem gefallen, weil alle im Ort die Geschichte kannten. Tatsächlich hatte unsere Dame auch schon gemerkt, daß sie sich in der neuen Wohnung nicht so wohl fühlte wie erwartet. Sie war sehr erfahren im Räuchern, hatte sowohl ein Reinigungsritual durchgeführt als auch allabendlich eine atmosphärische Reinigung, aber die Stimmung besserte sich nicht wesentlich. Sie überlegte bereits, die Wohnung wieder zu verlassen, als ich ihr vorschlug, gemeinsam ein Ritual mit geeignetem Räucherwerk für den einsam Verstorbenen zu zelebrieren. Wir wählten eine klassische Mischung mit Weihrauch und Myrrhe, dazu etwas Beifuß. Nach diesem Ritual hatte der einsam Verstorbene seinen Weg gefunden, und die Dame konnte sich endlich an ihrer schönen und günstigen Wohnung erfreuen.

Vielleicht bringen Sie selbst eine schlechte Atmosphäre mit, können nach einem anstrengenden Arbeitstag nicht abschalten, oder Sie nehmen die Probleme Ihrer Kunden, Patienten oder Klienten mit nach Hause, so daß an einen erholsamen Abend gar nicht zu denken ist. Auch hier kann eine atmosphärische Reinigung den Zustand verändern. Elektrosmog und Strahlenbelastung sind ebenfalls sehr gut mit einer Räucherung auszugleichen, ebenso die schwüle und elektrisch aufgeladene Luft vor einem Sommergewitter.

Schließlich läßt sich auch die Luft nach einer feuchtfröhlichen Feier, bei der auch geraucht wurde, mit einem reinigenden Räucherwerk säubern.

Unter einer Schutzräucherung verstanden unsere Vorfahren aber noch etwas gänzlich anderes. Da sie die Welt um sich herum von geistigen Wesenheiten beseelt erlebten, entstand auch der Wunsch, diese Einflüsse, wenn sie als unerwünscht oder negativ empfunden wurden, abzuwehren. Viele Kräuter und Pflanzen, die seit der keltischen Zeit als Schutzräucherung während einer Reise in die »Anderswelt«, also einer rituellen, lange dauernden Meditation, eingesetzt wurden, hatten in späteren Jahrhunderten den Ruf, vor Hexen, Kobolden und bösen

Geistern schützen zu können. Und auch heutzutage ist das nicht anders, nur daß unser Verstand diese Zustände anders benennt.

Fast jeder hat sich in seinem eigenen Haus schon einmal bei einem plötzlichen Geräusch mitten in der Nacht geängstigt. Wir sind gewöhnt, solche Ereignisse verstandesmäßig abzuwerten und zu übergehen. Vielleicht wäre eine Schutzräucherung der bessere Weg!

Eine junge Studentin hatte es sich während der heißen Sommermonate angewöhnt, nachts zu arbeiten, weil sie meinte, da besser lernen zu können. Nach einigen Nächten stellte sie fest, daß jede Nacht um drei Uhr die Tür zum Bad zuschlug. Sie konnte es erst nicht glauben, aber Nacht für Nacht wiederholte sich der Vorgang, auch wenn sie jede Zugluft ausschloß. Der an sich harmlose Vorgang begann sie zu ängstigen, und sie fühlte sich irgendwie beobachtet, auch wenn sie geneigt war, ihre Unruhe auf den Prüfungsstreß zu schieben. Gerade wegen der Prüfung hatte sie keinerlei Zeit, etwas gegen das seltsame Phänomen zu tun. Also entschied sie sich für eine Schutzräucherung mit einheimischen Kräutern, die sie kurz vor drei Uhr in einer Schale vor der Badezimmertür abbrennen ließ. Da ihr der ganze Vorgang doch unheimlich war, verzog sie sich jedesmal rasch wieder an den Schreibtisch. Am ersten und am zweiten Tag klappte die Tür nach wie vor, allerdings etwas leiser. Am dritten Tag hörte der Spuk auf und kehrte niemals mehr zurück.

Die Komposition des Räucherwerks ist abhängig vom jeweiligen Anlaß. Passend sind Pflanzen aus den vier folgenden Gruppen. Es ist sinnvoll, vor der Zusammenstellung einer Mischung noch einmal die genaue Beschreibung der einzelnen Substanzen nachzulesen, um sich mit der speziellen Schutzwirkung der Pflanze vertraut zu machen.

Verbesserung des Raumklimas:

Adlerholz, Alant, Beifuß, Bernstein, Eichenlaub, Eisenkraut, Johanniskraut, Kiefer, Koriander, Lavendel, Mistel, Myrte, Nelke, Rainfarn, Rosmarin, Wacholder, Weihrauch

Desinfektion, im Krankenzimmer:

Alant, Bernstein, Fichte, Kalmus, Kampfer, Kiefer, Lavendel, Lorbeer, Opoponax, Rainfarn, Rosmarin, Salbei, Siambenzoe, Steppenbeifuß, Wacholder, Weihrauch, Zypresse

Schutz:

Beifuß, Eichenlaub, Esche, Galbanum, Guggul, Johanniskraut, Kamille, Kiefer, Koriander, Lavendel, Lorbeer, Mistel, Nelke, Opoponax, Rosmarin, Salbei, Schafgarbe, Steppenbeifuß, Tanne, Wacholder, Weihrauch, weißes Sandelholz, Zypresse

Traditionelle Rezepte zur atmosphärischen Reinigung:

Reinigungsweihrauch: Eisenkraut und Olibanum

Reinigung von Orten: Erdrauch, Kampfer und Olibanum

Reinigung von Haus und rituellem Bereich: gleiche Menge Kiefern-, Wacholder- und Zedernnadeln

Um die Atmosphäre zu reinigen: Dost, Johanniskraut, Rainfarn, Copal oder Weihrauch

Reinigung von Haus und Stall, gegen negative Einflüsse: Rosmarin, Salbei, Wacholder

Bei aufziehendem Gewitter: Eisenkraut, Johanniskraut, Rainfarn, Wetterkerze

Räuchern für Stärkung und Genesung

Fast alle zum Räuchern geeigneten Pflanzen sind Heilpflanzen. In vergangenen Zeiten war das Verräuchern dieser Pflanzen alltäglich. Die vielfältigen Einsatzmöglichkeiten können dabei nur verwundern. Daß die meisten Räucherstoffe Keime in der Luft abtöten und daher die Gefahr der Ansteckung vermindern, war bekannt und deshalb jahrhundertelang die wichtigste Form der Desinfektion. Besonders während der Seuchenzeiten wurden viele Räucherstoffe eingesetzt, auch exotische Drogen.

Auch beim Geburtsvorgang kam Räucherwerk zum Einsatz. Ziel war es hier, die Wehen zu fördern und die werdende Mutter zu entspannen und zuversichtlich zu stimmen. Schließlich ging es bei der Entbindung sehr oft um Leben oder Tod, die Mütter- und die Säuglingssterblichkeit waren hoch. Starb der Fötus im Mutterleib, halfen ebenfalls Räucherungen mit stark abtreibenden Mitteln, das Leben der Mutter zu retten, indem die tote Frucht ausgetrieben wurde. Sicherlich wurden auch Abtreibungen auf diese Weise vorgenommen, die ja nach dem Mittelalter, als die Kenntnis der empfängnisverhütenden Kräuter verlorengegangen war, die einzig mögliche Verhütungsform darstellten. Allerdings wurde bei Unterleibsleiden der Rauch nicht einfach inhaliert, sondern die Frau stellte sich über das Räuchergefäß, damit der Rauch direkt auf die Geschlechtsorgane einwirken konnte.

Vorsicht gilt hier übrigens nach wie vor für schwangere Frauen, denn die Gefahr einer unerwünschten Fehlgeburt darf nicht unterschätzt werden. Lesen Sie deshalb ausführlich die einzelnen Beschreibungen der Pflanzen oder Aromaöle nach, bevor Sie während der Schwangerschaft räuchern!

Entsprechend folgten Räucherungen zur Stärkung von Mutter und Kind. Auch bei der Kinderpflege spielte das Räuchern eine wesentlich größere Rolle als die Reinigung mit Wasser. Dabei mögen viele Gründe mitgespielt haben: die Kälte und die Schwierigkeit, im Winter Wasser zu erwärmen, die Tatsache, daß der Durchschnittshaushalt nicht über einen eigenen Brunnen verfügte, und die Qualität des Trinkwassers selbst. Jedenfalls war eine Räucherung oft die einzige Möglichkeit, Kinder von Ungeziefer und Hautausschlag zu befreien, und sie wurde auch intensiv praktiziert.

Innere Erkrankungen wurden ebenfalls mit Räucherungen behandelt. Gallen- oder Nierensteine konnten nicht operativ entfernt werden, sondern mußten den Körper auf natürlichem Weg verlassen. Also war es das Ziel, den Patienten soweit wie möglich zu entkrampfen, weil eine Kolik die Passage des Steines behindert.

Zahnschmerzen, gegen die es keine Hilfsmittel außer dem Ziehen des erkrankten Zahnes gab, wurden oft durch eine Räucherung mit einem betäubenden Mittel gelindert, oder die Substanz selbst wurde als betäubende »Plombe« in den kariösen Zahn gelegt. Rheumatische Schmerzen, als Folge harter körperlicher Arbeit und der Kälte, wurden dadurch gelindert, daß der Erkrankte seine Glieder in den heilsamen Rauch hielt.

Von dieser Weisheit ist uns nicht viel erhalten geblieben. Uns ist noch bekannt, daß Inhalation mit heilendem Wasserdampf eine geeignete Methode ist, Erkältungskrankheiten zu behandeln, weil dadurch die Viren abgetötet werden und die Verschleimung gelöst wird. Es ist sinnvoll, zunächst behutsam wieder Erfahrungen mit der medizinischen Räucherung zu sammeln. Wir wissen nicht, ob der Organismus des heutigen Menschen ebenso darauf anspricht wie der unserer Vorfahren.

Bei ernsthaften Erkrankungen sollten Sie ohnehin den Rat eines Arztes oder Heilpraktikers einholen. Vorsicht gilt auch für Patienten, die mit klassischer Homöopathie oder Bachblüten behandelt werden: Ätherische Öle und die meisten der aromatisch duftenden Räucherpflanzen lösen die Schwingung einer homöopathischen Hochpotenz auf! Besprechen Sie also Ihr Vorgehen unbedingt mit Ihrem Therapeuten! Die alten keltischen Kräuter, die fast geruchlos verräuchern, sollten mit einem aromatischen Harz, wie dem echten Olibanum, allerdings keine Schädigung des homöopathischen Mittels hervorrufen, aber dafür fehlen noch gesicherte Erfahrungswerte.

Menschen, die unter Allergien leiden, müssen ebenfalls in vorsichtigen Selbstversuchen testen, welche Pflanzen sich positiv auswirken. Es ist sehr gut möglich, die überreizten Abwehrkräfte über Räucherungen wieder auszugleichen, aber dafür braucht es einige Geduld. Allergiker sollten niemals eine fertige Räuchermischung verwenden. Meist werden die Inhaltsstoffe nicht detailliert aufgelistet, und oft genug werden synthetische Duftstoffe hinzugefügt, die den Duft »aromatischer« machen sollen. Beides kann zu einer Verstärkung der Allergie führen. Machen Sie also Ihre Experimente mit einheimischen Kräutern, die biologisch angebaut wurden. Meist sind es nicht die Pflanzen, sondern die durch Düngemittel und andere Gifte kontaminierten Gräser, welche die Allergien auslösen! Wählen Sie deshalb auch ein Aromaöl, bei dem vom Hersteller garantiert wird, daß die verwendeten Pflanzen aus biologischem Anbau stammen. Verwenden Sie stets nur eine einzige Pflanze zum Verräuchern, und beobachten Sie die Wirkung. Sowie Sie eine Verstärkung Ihrer allergischen Reaktion wahrnehmen, löschen Sie die Glut, öffnen Sie alle Fenster, lüften Sie gründlich. Streichen Sie dann dieses Kraut von Ihrer Liste, denn Sie vertragen es im Augenblick nicht. Neben den einheimischen Kräutern können weitere Versuche mit Harzen gemacht werden. Meist sind die duftenden Harze gut verträglich, aber auch hier ist vorsichtiges Herantasten der beste Weg.

- Allergisches Asthma kann durch entsprechende Räucherungen erheblich gelindert werden. Viele Asthmatiker wissen bereits, daß ein Saunaaufguß mit Eukalyptus oder einer anderen intensiv duftenden Pflanze Erleichterung verschaffen kann. Diese Substanz können Sie als Aromaöl oder Räucherwerk einsetzen. Es gibt zahlreiche Pflanzen, die bei Asthma helfen können, probieren Sie diese einzeln und mit der oben geschilderten Vorsicht aus. Erst wenn Sie wissen, daß Sie die einzelnen Substanzen vertragen, können Sie den Versuch wagen, eine der genannten Mischungen zu verräuchern.

- Viele Räucherpflanzen vertreiben Insekten, dies ist im Sommer eine sehr angenehme Nebenwirkung.
- Im Winter können Sie sich vor Erkältungen schützen, aber auch einen Schnupfen im Frühstadium deutlich abkürzen, wenn Sie ein geeignetes ätherisches Öl oder eine Räucherung als Heilmittel einsetzen.
- Übergewichtige können ihre Nahrungszufuhr auf angenehme Weise verringern. Der köstliche Duft von Vanille und Zimt dämpft den Appetit und das Verlangen nach Süßigkeiten, ohne daß Sie auf zweifelhafte Medikamente zurückgreifen müssen. Überhaupt werden Menschen, die mit überflüssigen Pfunden kämpfen, feststellen, daß Räucherwerk ebenso befriedigt wie Naschen – es ist also wirklich hilfreich, sich mit der Kunst der Düfte zu beschäftigen!
- Wie im vorangegangenen Kapitel geschildert, kann eine Räucherung das subjektive Krankheitsgefühl und die Stimmung verbessern. Dadurch wird der Kranke zuversichtlich, was wesentlich zur Heilung beiträgt.

Hier folgt noch einmal eine ausführliche Auflistung der Räucherpflanzen und Aromaöle nach ihrer Wirkung bei gesundheitlichen Problemen. Dennoch sollten Sie sich die Zeit nehmen, vor einer Anwendung die ausführliche Beschreibung zu lesen, damit Sie die dort genannten Kontraindikationen beachten können.

Bei ernsten Erkrankungen fragen Sie zuerst Ihren Arzt oder Heilpraktiker, ob das Räuchern einen sinnvollen Beitrag zum Behandlungsplan bieten kann.

Schmerzen:

Adlerholz, Bernstein, Erdrauch, Fichte, Kamille, Koriander, Labdanum, Lavendel, Minze, Myrte, Nelke, Olibanum, Tanne, Wacholder
Aromaöl: Eukalyptus, Kamille, Lavendel, Muskatblüte, Myrte, Orangenblütenöl, Pfefferminze, Rosmarin, Zimt

Zahnschmerzen:

Galbanum, Nelke

Rheuma, Gelenkschmerzen:

Guggul, Myrrhe, Steppenbeifuß, Olibanum

Frauenkrankheiten:

Beifuß, Bernstein, Guggul, Holunder, Johanniskraut, Kiefer, Labdanum, Lavendel, Mastix, Myrrhe, Thymian
Aromaöl: Thymian

Geburten:

Galbanum, heller Copal, Tanne

Kinderkrankheiten:

Holunder, Johanniskraut, Kiefer, Lavendel, Mastix, Rainfarn, Rose, Schafgarbe, Tanne, Thymian, Wacholder, Ysop
Aromaöl: Rose, Lavendel, Vanille, Zimt

Männerkrankheiten:

Alant, Bernstein, Eichenrinde, Kalmus, Sandelholz, Zimt
Aromaöl: Jasmin, Ylang-Ylang

Hautleiden:

Myrrhe, Perubalsam, Siambenzoe, Sumatrabenzoe, Tolubalsam

Erkrankungen der Atemwege:

Fichte, Guggul, Kamille, Kampfer, Kiefer, Lorbeer, Myrrhe, Perubalsam, Siambenzoe, Steppenbeifuß, Sumatrabenzoe, Tanne, Thymian, Tolubalsam, Wacholder, Zeder, Zimt, Zypresse
Aromaöl: Eukalyptus, Kamille, Pfefferminze, Thymian

Asthma:

Zypresse
Aromaöl: Eukalyptus

Schwindel, Übelkeit:

Aromaöl: Pfefferminze, Rosmarin

Ohrgeräusche:

Ysop

Erkrankungen des Verdauungstraktes:

Zimt
Aromaöl: Kardamom, Vanille, Zimt

Ayurvedische Rezepte:

Lungen- und Bronchialleiden:
Guggul und Salbei

Erkältungskrankheiten:
Zimt, Kardamom, Lorbeer

Räuchern für Wohlbefinden, Sinnlichkeit und Liebe

Duftstoffe können eine große Hilfe zur Entspannung sein. Viele Menschen sind in der Hektik des modernen Lebens zwischen Beruf, Familie und anderen Anforderungen des persönlichen Lebens so gefordert, daß ihnen Zeit zur Muße und Regeneration fehlt. Und sind dann tatsächlich einmal einige Stunden nicht verplant, dann empfinden sie es als unmöglich, sich zu entspannen.

Was zunächst nur eine kleine Befindlichkeitsstörung ist, kann in großen gesundheitlichen Problemen enden. Dabei ist es nicht die Arbeitsmenge, die den Menschen schadet, sondern das Unvermögen, in den Pausen innerlich loszulassen, um neue Kraft zu schöpfen.

Da das Räuchern mit Aromaölen oder Räucherstäbchen keine großen Vorbereitungen erfordert, ist es sicherlich eine schnelle und überzeugende Möglichkeit, sich mit Hilfe der Duftstoffe in einen anderen seelischen Zustand zu versetzen. Ein kleines Ritual mit den notwendigen Vorbereitungen zum Räuchern über der Flamme kann eine wunderbare Einstimmung auf den Feierabend oder das Wochenende sein. Während sich der duftende Rauch kräuselt, kann ohne weitere Anstrengung der Übergang zu einem ruhigeren Lebensrhythmus erfolgen.

Einer meiner Patienten, der eine anspruchsvolle Position mit großer Verantwortung innehatte, litt zunehmend unter der Unfähigkeit, von der Arbeit abzuschalten. Er hatte es mit sportlicher Betätigung und Massagen versucht, aber keine Verbesserung seiner angespannten Stimmung erreicht. Da es ihm sowohl an Zeit wie auch an Interesse fehlte, sich mit Räucherwerk zu beschäftigen, er aber gerne einen Versuch damit unternehmen wollte, besorgte er sich kostbare, japanische Räucherstäbchen aus Adlerholz. Diese wurden dann zu seinem Universalmittel: Er konnte abschalten und sich bei dem Duft wunderbar entspannen. Er stellte aber auch fest, daß die Räucherstäbchen ihm zu kreativen Lösungen verhalfen, wenn sie am Arbeitsplatz gefordert waren.

Nach der Entspannung kann es zwar zunächst zu Müdigkeit kommen, aber ein erholsamer Schlaf ist ja bekanntlich der erste Schritt zu Wohlbefinden. Es spricht also viel dafür, bei Einschlafschwierigkeiten, die durch Streß oder Überforderung entstanden sind, allabendlich im Schlafzimmer eine beruhigende Räucherung vorzunehmen. Auf diese Weise werden Sie ohne schädliche Medikamente den gesunden Schlaf wiederfinden.

Genauso einfach war die Lösung für eine Mutter, die nach jahrelangem, nächtlichem Aufstehen zur Versorgung ihrer kleinen Kinder eines Tages feststellte, daß sie auch ohne Grund mehrmals nachts erwachte. Da die Schlafstörung ihr zunehmend Kraft raubte, versuchte sie es mit einem Lavendelsäckchen unter dem Kopfkissen. Fast sofort vertiefte sich ihr Schlaf wieder, und dasselbe einfache Mittel beruhigte auch ihre lebhaften Kinder.

Räuchersubstanzen für das allgemeine Wohlbefinden, heutzutage Wellness genannt, haben eine uralte Tradition. Wir können uns die duftschwangere Atmosphäre in den orientalischen Haushalten vergangener Jahrtausende und Jahrhunderte wahrscheinlich gar nicht mehr vorstellen. Die Mischungen wurden meist unter verschiedenerlei Hinsicht zusammengestellt: Was die Luft desinfizierte, diente auch dem Wohlbefinden, der Entspannung und der körperlichen Lust.

Aphrodisisch wirkende Duftsubstanzen, also solche, die das sexuelle Verlangen stimulieren und die Potenz fördern, waren zu allen Zeiten die teuersten und besonders begehrt. Sie sollten auf die Liebe einstimmen und entspannen, sie dienten als Lock- oder Zaubermittel, um die Neigung eines Partners zu erlangen oder zurückzugewinnen, und sollte durch Parfümierung von Körper und Kleidung die sexuelle Attraktivität der Person steigern.

Der vielfältige Einsatz läßt vermuten, daß, genauso wie heute, auch vor Tausenden von Jahren in der Liebe nicht alles wunschgemäß verlief. Warum also nicht an bewährte Erfahrungen anknüpfen und mit edlen Duftstoffen Entspannung und Lust fördern? Die geheimnisvollen, das Verlangen steigernden Räucherstoffe bewirken beides: Sie entspannen und fördern dadurch erst die Bereitschaft zur Lust. Die oben erwähnte hektische Lebensweise der Menschen in den westlichen Industrienationen ist eher lustfeindlich, deshalb hat diese Kombination noch größere Bedeutung als jemals zuvor.

Ein junges Ehepaar lebte durch berufliche Anforderung den größten Teil der Woche über getrennt. Am Wochenende führten Anspannung, Erwartungshaltung und anschließende Enttäuschung zu immer größeren Problemen im Liebesleben. Da sich beide aber nach wie vor herzlich zugetan waren, suchten sie Auswege aus der Beziehungskrise. Sie zelebrierten jeden Freitagabend ein umfangreiches Räucherritual, um sich zu entspannen und aufeinander einzustimmen. Telefonanrufe, Besuche oder ähnliche Störungen blieben dabei von vornherein ausgeschlossen. Das gemeinsame Interesse an den Räuchersubstanzen und deren geheimnisvoller Wirkung brachte eine ganz neue Dynamik in die Beziehung. Und bald stellte sich auch die erwünschte Reaktion der Entspannung und der Lust ein. Da die beiden am liebsten die mystische Mischung von Weihrauch und Myrrhe verwendeten, staunten ihre Freunde nicht schlecht, daß es in der Wohnung neuerdings »wie in der Kirche« rieche. Eine Äußerung, die unser verliebtes Paar lediglich mit einem Schmunzeln quittierte.

Ist eine Beziehung zerbrochen oder häufen sich familiäre Probleme und materielle Sorgen, dann macht sich eine lähmende Traurigkeit breit. Diese depressive Verstimmung hat nichts mit der endogenen Depression zu tun – einer schweren psychischen Erkrankung, die organische Ursachen hat und professionell behandelt werden muß.

Aber jeder gesunde Mensch kennt Zeiten, in denen er sich an nichts mehr freuen kann, in denen die Belastung des Alltags erdrückend scheint. Auch dies ist augenscheinlich niemals anders gewesen. Die Vielzahl der Duftstoffe, die in der Tradition als tröstlich beschrieben werden, läßt uns darauf schließen. Um Kummer besser zu verarbeiten, sollten Sie sich eine solche Mischung zusammenstellen. Vergessen Sie nicht, ein edles Harz beizumischen, oder wählen Sie ein besonders köstliches Aromaöl. Sie werden die tröstliche Wirkung sofort spüren!

Eine Frau mittleren Alters hatte jahrelang ihren schwerkranken Mann gepflegt. Als er verstarb, war sie körperlich und seelisch ausgelaugt und hatte keine Freunde oder Bekannten mehr. Überdies hatte sich ihr einziger Sohn infolge der schwierigen familiären Verhältnisse völlig von ihr abgewandt, forderte aber finanzielle Unterstützung. Eine depressive Verstimmung unter einer so großen Belastung ist normal und auch nicht in kurzer Zeit mit einem kleinen Kunstgriff zu beheben. Zunächst verwendete sie ein Aromaöl, weil es einfach einzusetzen war. Der wunderbare Duft des Orangenblütenöls half, den seelischen Druck etwas zu lindern. Da unsere Dame aber über mehr Zeit als Geld verfügte, begann sie, sich intensiv mit den einheimischen Räucherpflanzen zu beschäftigen und diese auf ausgedehnten Spaziergängen in der freien Natur zu sammeln. Allmählich beherrschte sie es meisterlich, ihre eigene Stimmung positiv zu beeinflussen, und die Beschäftigung mit dem neuen Thema war ihr eine große Hilfe bei der Bewältigung ihrer Trauerarbeit.

Trost:

Adlerholz, Alant, Eisenkraut, Galbanum, Guggul, heller Copal, Johanniskraut, Kalmus, Kamille, Kampfer, Koriander, Lavendel, Mastix, Myrte, Nelke, Opoponax, Rosmarin, Salbei, Siambenzoe, Steppenbeifuß, Sumatraben-

zoe, Tanne, Tolubalsam, Weihrauch, weißes Sandelholz, Ysop, Zimt, Zypresse
Aromaöl: Bergamotte, Kamille, Macis, Muskatnuß, Orangenblüte, Rosmarin, Salbei

Entspannung:

Adlerholz, Bernstein, Galbanum, Guggul, Kamille, Kiefer, Lavendel, Minze, Myrrhe, Myrte, rotes Sandelholz, Sandarak, Sumatrabenzoe, Tolubalsam, Weihrauch, weißes Sandelholz, Zimt

Wohlbefinden:

Adlerholz, Eichenrinde, Eisenkraut, Galbanum, gelber Copal, Guggul, heller Copal, Kamille, Kampfer, Kiefer, Lavendel, Mastix, Minze, Myrrhe, Myrte, Nelke, Opoponax, Rosmarin, rotes Sandelholz, Sandarak, schwarzer Copal, Siambenzoe, Sumatrabenzoe, Tanne, Weihrauch, weißes Sandelholz, Zimt

Räucherwerk für Liebende:

Adlerholz, Johanniskraut, Kalmus, Koriander, Mädesüß, Minze, Mistel, Myrrhe, Myrte, Nelke, Rosmarin, Perubalsam, rotes Sandelholz, Schafgarbe, Sumatrabenzoe, Tolubalsam, Weihrauch, weißes Sandelholz, Zimt
Aromaöl: Holunderblüte, Ingwer, Jasmin, Myrte, Patchouli, Pfefferminze, Rose, Vanille, Ylang-Ylang, Zimt

Beginn einer Beziehung:

Um eine Beziehung in die gewünschte Bahn zu lenken, können Sie folgendes Räucherwerk oder Aromaöl einsetzen. Die einzige Schwierigkeit wird darin bestehen, den

Menschen, dem Sie näherkommen möchten, zum Einatmen Ihrer Duftstoffe zu bewegen …
Räucherwerk: Mädesüß, Minze
Aromaöl: Holunderblüte, Pfefferminze

Potenz:

Räucherwerk: Sandelholz, Zimt
Aromaöl: Jasmin, Ylang-Ylang

Vorsicht: Erektionsstörungen können krankheitsbedingt sein! Wenn die stimulierenden Duftstoffe nicht zum gewünschten Ergebnis führen, sollten Sie den Rat eines Arztes oder Heilpraktikers suchen!

Weibliche Lust:

Myrrhe, Johanniskraut

Entspannung am Abend:

Sumatrabenzoe, Sandelholz

Trost, innerer Frieden:

Benzoe, Weihrauch, Zedernholz

Biblisches »Freudenöl«:

Aloe, Cassia, Myrrhe

Für das Wohlbefinden von Säuglingen und Kindern:

Copal, Lavendel, Rose

Räuchern für Konzentration und spirituelle Erfahrung

Das Abbrennen von Räucherwerk aus religiösen Gründen war früher ein zentraler Bestandteil kultischer Handlungen. Das Räucherwerk erfüllte dabei gleich mehrere Zwecke: Die teuren Substanzen sollten als Opfergabe die Gottheit befriedigen und gnädig stimmen, und der Rauch sollte die Gebete der opfernden Menschen zu den Göttern oder Göttinnen tragen. Zudem hatte die Räuchermischung eine unmittelbare Auswirkung auf die betenden und opfernden Menschen.

Kräuter, Hölzer und Harze, die Meditation und Gebet vertiefen und dadurch den Zugang zu geistigen Wesenheiten und der spirituellen Dimension erleichtern, gab es in allen Kulturkreisen und Erdteilen. Gebet und Meditation, Zauber und Zukunftsvorhersage, Heilung und Liebe: all diese Bereiche waren in der Vergangenheit weitaus enger miteinander verwoben, als wir uns das nach zweitausend Jahren christlich-abendländischer Tradition vorstellen können. Daher handelt es sich bei den Stoffen zur Förderung von Konzentration und spiritueller Erfahrung größtenteils um Räucherwerk, das uns bereits aus anderen Kapiteln vertraut ist. Allerdings mit Ausnahme der Substanzen, die zur Förderung von Visionen und prophetischen Voraussagen verwendet wurden, wie Bilsenkraut oder Alraune. Der Gebrauch dieser Pflanzen unterliegt in vielen europäischen Ländern gesetzlichen Bestimmungen. Auch wenn es möglich ist, sie zum persönlichen Gebrauch im eigenen Garten anzubauen – ohne Anleitung empfiehlt sich kein Experiment am eigenen Leib. Der gesundheitliche Schaden, der bei unsachgemäßem Gebrauch dieser giftigen Substanzen entstehen kann, darf nicht unterschätzt werden!

Alle nachfolgend beschriebenen Kräuter sind lediglich als Unterstützung der spirituellen Fähigkeiten gedacht und bergen kein gesundheitliches Risiko.

Auch für Menschen, die sich weniger für Orakel, Meditation oder Spiritualität interessieren, kann die Gruppe dieser Kräuter interessant sein, denn vor Prüfungen, für konzentrationsschwache Kinder oder allgemein bei Arbeiten, die viel Aufmerksamkeit erfordern, sind Räucherungen mit diesen Kräutern eine Hilfe.

Nonnen und Mönche, die sexuelle Enthaltsamkeit gewählt hatten und in Klostergemeinschaften lebten, haben nicht nur zur Vertiefung des Gebets geräuchert, sondern auch, um ihre Triebe zu dämpfen. Diese Räuchersubstanzen helfen aber auch dann, wenn leidenschaftliche Gefühle uns zu überwältigen drohen. Haß, Zorn oder Verzweiflung können ebenfalls durch eine geeignete Räuchermischung besänftigt werden.

Eine Schülerin erlebte wenige Wochen vor dem Abitur, wie ihre erste Liebe in die Brüche ging. Ihr Freund begann mit ihrer besten Freundin eine Beziehung, so daß sie auf einen Schlag die zwei wichtigsten Vertrauten ihrer Jugend verlor. Zunächst war ihr jedes Lernen unmöglich, schließlich reagierte das junge Mädchen auf den Rat und

Zuspruch seiner Eltern, und versuchte sich wieder auf die Reifeprüfung vorzubereiten. Jedoch verhinderten seine leidenschaftlichen Gefühle das Lernen trotz der besten Absichten, was für dieses Alter gut nachvollziehbar ist. Eine Räuchermischung aus Kampfer, Ysop und Zypresse brachte der Schülerin schließlich, zumindest für die Lernzeit, die angestrebte Ruhe und verhalf ihr zur Konzentration. Das Lernen und der Erfolg bei der Prüfung halfen ihr schließlich, den großen Kummer zu verarbeiten und an ihm zu reifen.

Da es vielfältige spirituelle Interessen und Techniken gibt, empfiehlt es sich, nach den jeweiligen Bedürfnissen eine eigene Mischung zusammenzustellen. Am einfachsten im Gebrauch sind die traditionellen und bekannten Duftstoffe, die zur Vertiefung von Gebet oder Meditation verhelfen. Oft haben sie auch eine entspannende und harmonisierende Wirkung. Manche aber machen auch wach oder schärfen die Sinne, deshalb hängt es von der Zielrichtung ab, welche Räucherstoffe wann zum Einsatz kommen. Zen-Meditationen haben zum Ziel, die Gedanken auszuschalten – ein eher theosophisch oder anthroposophisch orientierter Schulungsweg arbeitet aber gerade mit der Gedankentätigkeit, so daß er andere Kräuter erfordert.

Wer sich auf Zeitreisen begeben möchte oder an Naturmagie, also der Wahrnehmung von Elfen, Zwergen oder anderen Elementarwesen interessiert ist, kann auf den reichen Schatz mitteleuropäischer Kräuter der keltischen Tradition zurückgreifen. Beachten Sie dabei unbedingt, daß auch duftlose Räucherpflanzen wie Mistel oder Esche hochwirksam sind!

Jede geistige Betätigung öffnet auch die Tür für unerwünschte Einflüsse, deshalb gehört in jede Räuchermischung auch eine der Schutzsubstanzen. Allerdings haben viele der Harze, Hölzer oder Kräuter ohnehin mehrere Eigenschaften, so daß die Anzahl der Komponenten einer Mischung nicht unbedingt erhöht werden muß.

Eine Mutter hatte ein Aromaöl aus Holunderblüten verräuchert – allerdings wegen des für sie angenehmen Duftes, ohne sich mit der Wirkung der Pflanze beschäftigt zu haben. Schließlich stellte sie überrascht fest, daß ihre beiden kleinen Kinder ihr immer wieder ausführlich von einem Zwerg erzählten, der im Garten wohne und mit ihnen spreche. Zunächst maß die Mutter dieser Angelegenheit keine große Bedeutung bei. Als die Kinder aber eines schönen Sommerabends unaufgefordert ihre Spielsachen in den Schuppen und ins Haus räumten, wunderte sie sich doch. Die Kinder erklärten ruhig, der Zwerg habe ihnen von einem Gewitter erzählt, und am besten solle die Mutter auch die Kissen der Gartenstühle hereinnehmen – und tatsächlich entlud sich in der Nacht ein heftiges Gewitter. In den folgenden Wochen gebrauchte die Mutter kein Duftöl mehr, weil sie nicht dazu kam, es zu besorgen, und ihr fiel auf, daß sie seltener Geschichten von dem »Gartenzwerg« hörte. Die Kinder berichteten erst dann wieder häufiger von dem Wesen, als sie das Duftöl erneut verwendete. Durch Zufall kam ich mit der Frau ins Gespräch, und sie machte noch einige Versuche

mit dem Öl, bis für sie feststand, daß ihre Kinder durch den Holunderblütenduft eine Sicht der Elementarwesen erlangten.
Wenn auch Spiritualität keinen Unterschied zwischen Männern und Frauen macht, so gibt es doch einige Substanzen, die speziell Männer oder Frauen in ihren geistigen Bemühungen unterstützen können. Die meisten aber wirken unspezifisch auf beide Geschlechter.

Konzentration und Gedankenklarheit:

Eiche, Fichte, Kampfer, Minze, Olibanum, Opoponax, Salbei, Thymian, Wacholder
Aromaöl: Kardamom, Rosmarin

Naturmagie, Wahrnehmung und Kontakt zu Elementarwesen:

Baldrian, Erdrauch, Holunder
Aromaöl: Holunderblüte

Meditation und Gebet:

Adlerholz, Beifuß, Bernstein, Guggul, heller Copal, Kampfer, Mastix, Myrrhe, Olibanum, Steppenbeifuß, Tolubalsam, weißes Sandelholz, Zeder
Aromaöl: Macis, Thymian

Orakeln und Visionen:

Baldrian, Beifuß, dunkler Copal, Erdrauch, Esche, gelber Copal, Holunder, Mistel, Zeder
Aromaöl: Lorbeer, Mastix, Mädesüß, Muskatnuß, Schafgarbe, Thymian, Wacholder

Beruhigung leidenschaftlicher Gefühle, Dämpfung des sexuellen Triebs:

Kampfer, Lavendel, Ysop, Zypresse
Aromaöl: Lavendel

Weibliche Spiritualität:

Myrrhe

Männliche Spiritualität:

Lorbeer

Mystische Hochzeit, Alliebe:

Labdanum, Myrrhe, Myrte, Olibanum
Aromaöl: Myrte

Schutz:

Beifuß, Eichenlaub, Esche, Galbanum, Guggul, Johanniskraut, Kamille, Kiefer, Koriander, Lavendel, Lorbeer, Mistel, Nelke, Opoponax, Rosmarin, Salbei, Schafgarbe, Steppenbeifuß, Tanne, Wacholder, Weihrauch, weißes Sandelholz, Zypresse

Weissagungen:

Lorbeerblätter, Olibanum (Bilsenkraut), Thymian

Orakeln:

Copal, Schafgarbe, Lorbeer

Ahnenkult:

Fichtenharz, Sandarak und Wacholder

Klärung der Gefühle:

Olibanum, Ysop, Zeder, Zypresse

Mystische Hochzeit:

Myrrhe und Weihrauch

Wie gestalte ich ein Ritual?

Rituale prägen unser Leben und spielen auch in alltäglichen Situationen eine große Rolle. Wir kleiden uns zum Beispiel in unserer Freizeit anders als im Beruf. Für eine familiäre Feier wird die Wohnung nicht in derselben Weise vorbereitet, wie wenn der Chef zum Essen eingeladen ist. Oder stellen Sie sich einen Konzertbesuch vor: Das Publikum trägt elegante Kleidung, die Musiker und Musikerinnen des Orchesters sind in Frack oder lange Abendrobe gekleidet, und der Konzertsaal ist festlich beleuchtet und ausgestattet. Die Qualität der Musik wird dadurch eigentlich gar nicht beeinflußt – alles ist Teil eines Rituals, welches die Zuhörer und Musiker auf die Besonderheit des Abends einstimmt.

Beim Besuch eines Rockkonzerts würden Sie sich in Anzug und Krawatte oder elegantem Kleid sehr unwohl fühlen. Das dortige Ritual sieht eine gänzlich andere »Kleiderordnung« vor. Heutzutage wird diese meist nicht festgeschrieben, alle Beteiligten wissen, wie sie sich zu benehmen oder anzukleiden haben, und wer sich nicht konform verhält, der muß die Folgen tragen: sich unwohl fühlen, ausgelacht oder geschnitten werden, ganz wie es den Sanktionen der jeweiligen Gruppe entspricht.

Es gibt auch noch ganz individuelle Rituale: beispielsweise wie Sie sich auf die erste Verabredung mit einem Menschen vorbereiten, der Sie besonders interessiert. Sie werden auf Ihr Äußeres achten und Ihre persönlichen Vorzüge ins rechte Licht setzen. Vielleicht wählen Sie ein

Kleidungsstück, in dem Sie sich ganz besonders schön fühlen, oder legen ein Schmuckstück an, das Sie immer bei besonders schönen Ereignissen trugen. Auch die Wahl des »Ritualorts« unterliegt solchen Gesichtspunkten: ein Restaurant, in dem man als Gast bekannt und gern gesehen ist, oder ein besonders teures, das Sie nur zu außergewöhnlichen Gelegenheiten aufsuchen.

Selbst Entspannung gelingt um so besser, je mehr ritualisierte Handlungen Sie dabei durchführen, die Ihrem Körper signalisieren, daß er jetzt erholen und regenerieren darf. Während Sie dazu zunächst ein Räucherwerk vorbereiten, Entspannungsmusik hören und Freizeitkleidung anziehen müssen, reagiert der Körper nach einigen Wochen schon auf vereinzelte Faktoren: Sobald Sie die Duftlampe befüllen, werden Sie schon spüren, wie ein wohliges »Aufatmen« Sie von den Spannungen des Arbeitstages befreit. Dies ist der Sinn regelmäßiger, ritualisierter Handlungen. Das bedeutet keineswegs, daß nicht auch Abwechslung entspannen kann, aber dies hat eine gänzlich andere Qualität, denn in unserer heutigen Zeit fehlt es eher an Ruhe und Regelmäßigkeit als an Abwechslung.

Wenn Sie eine geistige Zielsetzung mit einem Ritual verfolgen, fehlen, wie in vielen Bereichen des heutigen Lebens, Vorgaben und Erfahrungswerte. In früheren Zeiten wußten die Menschen genau, was der jeweilige Priester oder die Kirche vorschrieben: Messen lesen, Wallfahrten machen, wertvolle Gegenstände oder Geld opfern. Überhaupt waren Rituale meist Aufgabe der dafür ausgebildeten Menschen, der Geistlichen, die zuständig waren, daß die jeweilige Botschaft auch wirklich an die richtige Gottheit gelangte. Wer in einer Glaubensgemeinschaft lebt, kann oder muß, je nach den Regeln dieser Gemeinschaft, Rituale auch heute nach bestimmten Regeln handhaben.

Es ist der Preis der Freiheit, daß wir uns alle Faktoren und Bedingungen für ein Ritual aussuchen können, aber dafür auch selbst durchführen müssen, zuerst sollten Sie sich jedoch ein Thema dazu auswählen.

Sich intensiv mit Hilfe eines Rituals mit einem Lebensthema auseinanderzusetzen bedeutet, darüber nachzudenken, sich gänzlich darauf einzulassen und sich mit der gesamten zur Verfügung stehenden Willenkraft auf das Ritual zu konzentrieren. Eine weitere, wesentliche Komponente ist die Einbeziehung einer höheren, geistigen Wesenheit, die bei der Erfüllung des Wunsches oder der Verfolgung des Zieles helfen soll.

Dies ließe sich mit dem Wort »beten« umschreiben. Wer sich auf diese Weise mit seinen Plänen und Wünschen beschäftigt, der hat schon fast sein Ziel erreicht. Es hilft aber, wenn Sie zusätzlich eine äußere Handlung durchführen, die aufgrund ihres starken Symbolcharakters ein Gefühl der Sicherheit in bezug auf die Erfüllung des Wunsches hervorruft. Genau diese Zuversicht, die dadurch ausgelöst wird, ist der letzte und manchmal der entscheidende Faktor in der Bündelung der seelisch-geistigen Kräfte, die uns zur Erfüllung unserer Wünsche im Leben befähigt.

Die meisten unserer Wünsche kreisen um Liebe und Geld. Allerdings sollten Sie Ihr Thema schon genauer fassen, bevor Sie beginnen, Ihr Ritual vorzubereiten. Wollen Sie eine neue Arbeitsstelle antreten oder mehr Geld verdienen? Suchen Sie einen neuen Partner, oder möchten Sie eine bestehende Beziehung wieder mit mehr Gefühl und Sinn erfüllen? Beim Thema Liebe ist jedoch, sofern ein bestimmter Mensch das Ziel Ihrer Sehnsucht ist, immer Vorsicht geboten. Vergessen Sie nicht, daß es zwar möglich ist, durch die gute Energie eines Rituals Sympathie und Zuneigung zu wecken oder zu stärken – Sie werden aber damit niemals eine Person gegen ihren Willen beeinflussen können, denn das wäre Schwarze Magie. Die Freiheit des anderen muß stets respektiert werden. Alles, was durch Zwang erschaffen wird, kann auch nur durch Zwang aufrechterhalten werden. Eine solche Bindung hat dann aber nichts mit Liebe zu tun!

Am sichersten und am erfolgreichsten ist es daher, Sie wählen das Thema so, daß Sie sich selbst beeinflussen. Auf diese Weise stärken Sie Ihre eigenen Fähigkeiten, und dann werden Liebe und Erfolg selbstverständliche Folgen sein.

Nehmen wir an, Sie hätten sich als Thema Ihres Rituals ausgesucht, Ihre Lebenseinstellung zu ändern, so daß Sie optimistischer und freudiger mit den Aufgaben des Alltags umgehen können – natürlich wird sich das auch auf Ihre Ausstrahlung auswirken, so daß andere Menschen positiv auf ihre Ansprache reagieren werden und man gern Ihre Bekanntschaft machen und Zeit mit Ihnen verbringen wird. Allerdings ist ja vorher sicher irgend etwas vorgefallen, was vielleicht Ihre Stimmung so getrübt hat, und nun ist Ihnen bewußt geworden, daß Sie es ändern möchten.

Nehmen wir zum Verdeutlichen das Beispiel von Lissy.

Lissy ist etwa fünfunddreißig Jahre alt. Sie arbeitet in einer Konzertagentur, aber eigentlich war der Job nur als vorübergehende Notlösung gedacht, die sie ihrem eigentlichen Ziel, selbst künstlerisch aufzutreten, näher bringen sollte. Lissy hat sogar eine gute Ausbildung dafür, sie hat Schauspielunterricht genommen, und gelegentlich tut sie das noch heute. Aber als es darum ging, sich zu bewerben, gab es in ihrer Stadt keine Möglichkeit, eine passende Stelle zu bekommen. Sie hätte ein kleines Engagement in einer fern gelegenen Kleinstadt haben können, aber nur vorübergehend. Ihr damaliger Freund war dagegen, daß sie für mehrere Monate den Wohnort wechseln würde, und letztlich fehlte ihr auch der Mut, die Sache anzupacken – so wurde aus dem Projekt nichts. Sie suchte sich also einen Job, bis sich eine bessere Möglichkeit ergeben würde. In der Agentur leidet sie nun zunehmend darunter, daß die Verträge immer zuungunsten der Musiker abgeschlossen werden: Sie bekommen so wenig Gage wie möglich, während alle anderen Beteiligten – so sieht es Lissy – sich den finanziellen Löwenanteil nehmen. Die Beziehung, für die sie in den folgenden Jahren noch weitere Opfer gebracht hat, weil sie ihr Leben nach den Wünschen ihres Freundes gestaltet hat, ist schließlich doch in die Brüche gegangen. Mittlerweile ist Lissy eigentlich schon zu alt, um eine Karriere als Schauspielerin zu starten, und da sie erlebt hat, wie mühselig es selbst für sehr begabte Künstler sein kann, ihren Lebensunterhalt zu verdienen, ist sie sich nicht mehr so sicher, ob es das richtige für sie ist. Lissy hat selbst gemerkt, daß sie immer negativer und antriebsloser geworden ist, und will jetzt ein Ritual gestalten, um aus der unguten Stimmung herauszukommen. Während der Arbeit mit Künstlern hat sie festgestellt, daß Ausstrahlung entscheidend zum Erfolg beiträgt, und kann sich deshalb sehr gut vorstellen, daß sie Möglichkeiten hat, ihre Ausstrahlung zu verbessern.

Zunächst entscheidet sich Lissy für das Räucherwerk. Bei einem großen Ritual beginnt die Vorbereitung lange vorher, nämlich beim Sammeln der Pflanzen. Da Lissy sich viel Zeit dafür nehmen will, entscheidet sie sich auch für eine Komposition von sieben Pflanzen. Zunächst wählt sie die klassischen Zutaten Olibanum und Myrrhe, weil sie sich sicher ist, daß Ausstrahlung immer etwas mit Erotik zu tun hat. Sie möchte sowohl den männlichen wie auch den weiblichen Anteil ihrer Seele stärken und zudem einen neuen Partner anziehen, mit dem sie sich wirklich gut versteht und der ihre spirituellen Ziele teilt. Olibanum und Myrrhe können nur gekauft werden, aber Lissy will ihr Räucherwerk noch mit europäischen Kräutern ergänzen. Nach ausführlichem Studium der Pflanzen entscheidet sie sich für Rosmarin, Johanniskraut, Myrte, Mistel und Esche.

Nachfolgend finden Sie noch einmal die Wirkungen der von Lissy ausgewählten Pflanzen.

Myrrhe:

Erdet, beruhigt, fördert den tiefen Schlaf; hilft bei Lungen- und Bronchialleiden, reinigt die Haut; schmerzlindernd; stärkt die weibliche Spiritualität und Sinnlichkeit; fördert das sexuelle Verlangen bei Frauen

Olibanum:

Lindert rheumatische und andere Schmerzen; desinfiziert die Raumluft, vertreibt Ungeziefer; hebt die Stimmung, verbreitet eine angenehme Atmosphäre; schärft die sinnliche Wahrnehmung, klärt die Gedanken; vertieft Meditation und Gebet; fördert die sexuelle Lust

Esche:

Stärkt den ewigen, ungeschlechtlichen Teil des Menschen; schützt vor schlechten Einflüssen; fördert die spirituelle Schau bei Reinkarnationsforschung; schützt auf der Zeitreise

Johanniskraut:

Hellt das Gemüt auf, vertreibt Ängste, lindert Liebeskummer und Niedergeschlagenheit; vermindert elektromagnetische Spannung; hilft bei emotionaler Spannung und Streit; schützt Frauen und kleine Kinder; schützt vor negativen spirituellen Einflüssen

Mistel:

Macht unbemerkt, wirkt als »Tarnkappe«; wandelt negative Schwingungen in positive; fördert klare Visionen; erleichtert den Beginn einer Liebesbeziehung

Myrte:

Lindert Migräne und andere Schmerzen; stimmt positiv, tröstet und öffnet das Herz; schenkt Lebenskraft und Vitalität; verbreitet eine Schwingung allumfassender Liebe; fördert die sexuelle Lust; vertieft Meditation und Gebet

Rosmarin:
Hilft beim Trauern, tröstet bei Niedergeschlagenheit, hilft bei Depression; fördert die Liebe; desinfiziert ein Krankenzimmer; stärkt die Abwehr; reinigt die Atmosphäre, schützt vor negativen spirituellen Einflüssen

Die Auswahl der Räucherstoffe entspricht sehr gut der Zielsetzung, die Lissy sich gegeben hat. Der einzige unsichere Faktor könnte in der Mistel liegen, weil sie eher dazu führt, daß man sich mit einer »Tarnkappe«, also von Menschen unbemerkt, bewegen kann – Lissy sich aber mehr Ausstrahlungskraft wünscht. Lissy ist aber besonders von der Mistel fasziniert, und sie ist der Meinung, daß die anderen Pflanzen diese »Nebenwirkung« der Mistel sehr gut ausgleichen werden.

Weil sich Lissy intensiv mit der Wirkung der Pflanzen beschäftigt hat und eine Auswahl für sich treffen konnte, hat sie bereits den ersten Vorbereitungsschritt für ein großes Ritual gemacht. Nun geht es darum, das gewünschte Räucherwerk zu beschaffen. Zunächst plant Lissy einen Kurzurlaub auf Korsika – sie hofft, in der Macchia Rosmarin und Myrte zu finden. Rosmarin entdeckt sie sofort, aber die Myrte kann sie einfach nicht erkennen. Erst nachdem sie auf einem Markt einige Stengel gesehen hat, weiß sie, wonach sie suchen muß. Dennoch hat sie kein rechtes Glück damit, so daß sie schließlich auf den Markt zurückkehrt und ein Büschel Myrte kauft. Dabei kommt Lissy ins Gespräch mit der alten, netten Marktfrau, die ihr verrät, wo sie das Kraut geerntet hat. Schließlich verabredet sich Lissy mit der alten Frau und gelangt auf diesem Weg kurz vor ihrem Rückflug zu ihrer selbstgepflückten Myrte.

Olibanum und Myrrhe wird Lissy sich kaufen, das hat sie von Anfang an beschlossen. Aber sie läßt sich Zeit damit. Erst im darauffolgenden Frühjahr findet sie in einem kleinen arabischen Lebensmittelladen die für ihren Einkauf richtige Atmosphäre und ersteht dort das Olibanum. Mit der Myrrhe hat sie weniger Glück; weil sie diese nirgendwo findet, bestellt sie das Harz schließlich bei einem Versandhandel. Eschensamen kann Lissy im Herbst sammeln, und dabei entdeckt sie auch Bäume, die mit Misteln bewachsen sind. Jedoch erfordert es einigen Einfallsreichtum, bis es ihr gelingt, ein wenig davon zu ernten, weil die befallenen Bäume recht groß sind.

Im Herbst hat Lissy alle Kräuter beisammen, bis auf das Johanniskraut – das blüht nun einmal nur im Juni. Nun hätte sich Lissy etwas davon in der Apotheke besorgen können, aber sie wartete noch ein weiteres halbes Jahr, in dem sie schon einige Erfahrung mit dem Räuchern und der Gestaltung von Ritualen sammelte.

Weil Lissys Wohnung sehr klein ist, kann sie nicht extra für ein Ritual einen Tisch bereitstellen, deshalb bildet ein Tuch in einer Farbe, die ihr besonders gut gefällt, die Unterlage. Lissy verwendet für das Ritual ein schönes, blaues Halstuch aus Seide, das wird sie vermutlich nicht mehr tragen können, aber es ist ihr die Sache wert. Sie breitet das Tuch auf dem Boden aus und stellt das Räuchergefäß darauf. Lissy hat lange darüber nachgedacht, welches Symbol am ehesten ihren Wunsch nach mehr Lebensfreude und Ausstrahlung symbolisieren könnte, aber ihr ist dazu nichts eingefallen. Deshalb legt sie nur noch einen auffällig geformten Stein, den sie beim Schneiden der Mistel gefunden hat, mit auf das Tuch.

Beim Ablauf des Rituals geht es darum, zunächst jede unerwünschte Störung auszuschließen. Selbst gute Freunde werden die Art, wie Sie ein Problem lösen wollen, vielleicht nicht nachvollziehen können. Auch die Teilnahme des Lebensgefährten will überlegt sein. Nur wenn Sie sich sicher sind, daß er Sie bei Ihrem Anliegen unterstützt und etwas mit einer rituellen Handlung anfangen kann, sollten Sie ihn teilhaben lassen. Meist ist es aber besser, ein so persönlich gestaltetes Ritual auch allein durchzuführen. Zwar ist eine individuelle Handlungsweise besonders wirksam, aber nur für den Menschen, für den das Ritual bestimmt ist und der es praktiziert. Es genügt, daß ein anderer mit einem blauen Tuch völlig andere Gefühle verbindet, und schon verändert sich die Atmosphäre.

Wenn das Räucherwerk den Raum langsam mit seinem Duft erfüllt, sollten Sie sich intensiv mit der Vorstellung befassen, wie sich Ihr Leben verändern wird, wenn Sie die gewünschte Eigenschaft – in unserem Beispiel die positive Ausstrahlung – erlangt haben. Das Räucherwerk unterstützt Ihre Vorstellungskraft und verhilft den Gebeten oder Meditationen zu mehr Wirkungskraft.

Lissy fiel es sehr leicht, sich jetzt vorzustellen, wie ihre ganze Ausstrahlung sich veränderte und wie sich dadurch das einstellte, was sie sich wünschte. Aus der allgemein positiven Stimmung entwickelten sich auch Bilder, aber die machten zunächst keinen so großen Eindruck auf sie. Erst später, als sich nach und nach Lissys Leben wirklich veränderte, erinnerte sie sich an das eine oder andere von dem, was sie während des Rituals imaginativ erlebt hatte. Bisher war Lissy nicht religiös eingestellt, deshalb fiel ihr die Idee, tatsächlich eine geistige Wesenheit um Hilfe zu bitten und gleichzeitig für die Unterstützung zu danken, gar nicht so leicht. Das intensive Erleben der Natur während des Sammelns der Pflanzen hatte sie aber doch für den Gedanken geöffnet, daß eine göttliche Weisheit die Schöpfung regelt. Da sie nicht auf überlieferte Gebete zurückgreifen wollte, formulierte sie ihren Dank und ihre Bitte selbst.

Lissy hatte sich so lange auf das rituelle Ereignis vorbereitet, daß die eigentliche Hauptarbeit bereits getan war, bevor sie das Räucherwerk entzündete. Ihr Wille, sich selbst zu verändern, hatte bereits ihre gesamte Person durchdrungen. So verwundert es nicht, daß sie nur wenige Tage nach dem Ritual einen neuen Partner kennenlernte. Das war zwar sehr erfreulich, aber nicht das einzige, was sie angestrebt hatte. Den Mut zur beruflichen Veränderung hatte sie erst, als die Konflikte in ihrer Agentur immer mehr zunahmen. Schließlich nahm Lissy eine zwar schlechter bezahlte, aber dafür für sie viel erfreulichere Tätigkeit bei der städtischen Bühne an. Obwohl sie dort mit Büroarbeit und Organisation beschäftigt war, machte ihr der Kontakt mit den Künstlern jetzt viel mehr Spaß.

Nicht immer ist es möglich oder nötig, sich so lange auf ein Ritual vorzubereiten. Selbstverständlich können auch alle Zutaten gekauft werden, was sicherlich viel Zeit spart. Für ein kleines Ritual müssen Sie aber eine weitaus größere innere Konzentration aufwenden. Auch die Gestaltung Ihres Altars oder Tisches kann mehr oder weniger aufwendig sein. Ich persönlich bevorzuge »Kultgegenstände«, die ich in der Natur gefunden habe oder die im Laufe meines Lebens als Geschenk oder durch irgendeinen »Zufall« in meine Hände gelangten. Aber es spricht nichts dagegen, sich Gegenstände zu kaufen, die traditionell eine kultische Bedeutung haben, wie kleine Statuen, Symbole und Gefäße.

Für manche Menschen ist Musik unverzichtbarer Bestandteil eines Rituals, für andere sind es Kerzen.

Entscheidend dabei ist, daß Sie das Ziel nicht aus den Augen verlieren. Wenn Sie regelmäßig Rituale gestalten, dann ist es wichtig, sich immer wieder neu zu überlegen, was Ihr gegenwärtiges Anliegen am besten symbolisieren könnte, damit die Energie sich fokussieren kann.

Ein Ritual gestalten

- Wählen Sie ein Thema, das durch das Ritual positiv beeinflußt werden soll.
- Entscheiden Sie, welches Räucherwerk Sie dabei unterstützen wird, und besorgen Sie diese Pflanzen, Hölzer und Harze.
- Gestalten Sie Ihre Ritualecke oder den Tisch nach Ihren Wünschen.
- Schalten Sie mögliche Störungen aus.
- Öffnen Sie das Fenster, damit Ihre Botschaft auch in andere Sphären gelangen kann.
- Entzünden Sie das Räucherwerk.
- Denken, fühlen und erleben Sie, wie Sie Ihr angestrebtes Ziel erreichen.
- Danken Sie der göttlichen Weisheit, die Sie unterstützt.

Den Alltag bereichern durch wohltuende Räucherstoffe

Aus der Fülle der Duftstoffe und der verschiedenen Möglichkeiten, sie zu genießen, wird sich sicherlich etwas finden, was Ihren Alltag bereichert. Das Geniale am Räuchern ist, daß es ohne große äußere Maßnahmen einschneidende Veränderungen erzeugen kann. Stimmungen werden dadurch gewandelt – etwas, was Sie vorher vielleicht nicht für möglich gehalten haben. Duftstoffe können beruhigen, entspannen, anregen, trösten oder heilen, ohne daß die Ursache behoben ist. Die Ursachen von Problemen können sowieso nicht durch eine einfache Handlung oder in wenigen Minuten behoben werden. Aber während der wohltuende Duft sich im Raum verbreitet oder der Rauch sich zum Himmel kräuselt, wird es Ihnen leichter fallen, die Umstände des Lebens zunächst anzunehmen und dann zu ändern, bis Ihr Leben wirklich so ist, wie Sie es sich gewünscht haben.

Sicher werden Sie einige Experimente machen müssen, weil es uns an Erfahrung fehlt, und erst nach und nach können Sie entdecken, welcher Duft welche Reaktion bei Ihnen persönlich auslöst.

Sofern Sie auf gute, natürliche Qualität geachtet haben, wird das Ergebnis der Räucherung Sie nicht enttäuschen, sondern zu weiteren Versuchen anregen. Wer ein kleines oder sogar ein großes Ritual mit Räucherpflanzen gestaltet – sich also aufmacht, die Pflanzen selbst zu sammeln und vorzubereiten –, der wird spüren, wie ein wirklicher Ruck durch sein ganzes Dasein geht und sich einiges zum Besseren hin verändert.

Die Welt der Düfte und ihre Bedeutung ist uns zwar im Laufe der modernen Entwicklung verlorengegangen, aber sie läßt sich mit wenig Mühe wiederentdecken. Der Alltag wird reicher, bunter und voller, wenn wir das Räuchern zum festen Bestandteil des Lebens werden lassen.

Register

Weiterführende Literatur

Bader, Marlis: *Räuchern mit heimischen Kräutern*, Kösel Verlag, 2003

Conway, D. J.: *Die Zauberwelt der Kelten*, Dtv, 2001

Fischer-Rizzi, Susanne: *Botschaft an den Himmel*, Hugendubel Verlag, 1996

Rätsch, Christian: *Räucherstoffe, Der Atem des Drachen*, AT-Verlag, 2002

Schirner taschenbuch

Anne L. Biwer

Handbuch Biorhythmus

Entdecken und nutzen Sie die innere Uhr Ihres Körpers

ISBN 978-3-89767-511-7